미
친 언
론

미친 언론

지은이 · 성창경
펴낸이 · 이충석
꾸민이 · 성상건

펴낸날 · 2018년 4월 6일
펴낸곳 · 도서출판 나눔사
주소 · (우) 03354 서울특별시 은평구 불광로 13가길
      22-13(불광동)
전화 · 02)359-3429   팩스 02)355-3429
등록번호 · 2-489호.(1988년 2월 16일)
이메일 · nanumsa@hanmail.net

ISBN 978-89-7027-319-8-03070

값 12,000원
잘못된 책은 바꾸어 드립니다.

이 도서의 국립중앙도서관 출판예정도서목록(CIP)은 서지정보유통지원시스템 홈페이지
(http://seoji.nl.go.kr)와 국가자료공동목록시스템(http://www.nl.go.kr/kolisnet)에서 이용하실 수 있습니다.
(CIP제어번호 : CIP2018010243)

미친 언론

성창경 (現 KBS공영노조 위원장) | 지음

나눔사

대한민국은 지금 미증유(未曾有)의 정체성 혼란기를 맞이하고 있다. 자유민주주의와 시장경제를 지키느냐 아니면 사회주의로 가느냐의 갈림길에 있다고 본다. 박근혜대통령이 2016년 10월 탄핵되고, 구속된데 이어 2017년 5월 대선에서 문재인 대통령이 당선되면서 본격화된 정체성 혼란인 것이다.

나는 현역 기자로, 또 노조위원장으로서 이런 한국의 격변기를 목도하고 있다. 언론, 특히 방송이 한 정권을 무너뜨리는데 앞장섰고, 또 다른 정권을 세우는데 결정적인 역할을 했다고 본다.

나는 박근혜 전 대통령이 세월호 사건에서 시작해서 이른바 최순실 사건으로 인해 탄핵되고 구속되는 과정에 언론이 한 역할을 알고 있다. 또 문재인 정권이 출범하여 이른바 사회주의국가로 가는 것이 아닌가 하는 일련의 체제 논쟁에 대해서도 지켜보아왔다. 나는 그 과정에서 언론이 한 일을 역사적 증거자료로 남기기 위해 이 글을 썼다. 언론이라고 말하기에 부끄럽고 기자라고 말하기엔 수치스러운 이름들, 내가 직접 보고 겪어온 그들의 민낯을 낱낱이 증언한다.

이 글은 언론 특히, 그 가운데서도 공영방송이 한 역할에 대한 부분이 많다. 또 노동조합이라는 이름으로 내부 구성원이 어떤 정치행위를 하는지에 대해서도 경험한 대로 가감(加減)없이 기록했다.

무릇 언론은 치우치지 않고 공정하고 객관적인 보도를 해야 하지만, 현재 대한민국의 언론에서 그런 것을 기대하는 것은, 사막에서 물을 찾는 것과 같다고 본다. 그러나 포기하지 않는다. 어두울수록 새벽이 가깝고, 추울수록 봄이 멀지 않았다는 희망을 알기 때문이다.

이 책이 문재인 정권하에의 언론 상황을 이해하는데 도움이 되었으면, 필자로서 소기의 목적을 달성한 것이 되겠다. 오늘날 부끄러운 언론의 자화상(自畵像)을 거울에 비춰보고 참 언론이 회복이 되는 날이 하루라도 빨리 왔으면 하는 마음 간절하다. 법률자문을 해주신 프리덤 뉴스대표 김기수 변호사와 흔쾌히 출판해주신 나눔사에게 감사드린다.

2018년 3월 30일
성창경

KBS와 MBC가 함께 정권의 방송장악 대상이 되다 보니 언론관련 세미나 등 각종 모임에서 KBS의 성창경 위원장을 뵐 기회가 여러번 있었습니다.

성 위원장은 인물이 준수한데다가 모임에서 말씀도 잘하시고 또한 상황파악이 정확해서, 요즘같이 어지러운 세상에 저런 분이 국회에 들어가서 활동할 수 있으면 좋았겠다고 생각해 왔습니다.

그런데 이 분이 이번에 우리나라 방송의 실상에 대한 책을 쓴다고 해서 어떤 내용이 수록될지 궁금했고, 그래서 책이 나오기를 고대하고 있었습니다.

그런데 영광스럽게도 본인에게 위 책, "미친 언론"에 대한 추천사를 써 달라는 연락이 왔습니다.

원고를 읽어보니 어떻게 그렇게 우리나라 언론의 추한 실상을 일목요연하게 정리했는지 감탄을 금할 수 없었습니다.

언론노조의 행패와 패악에 대해서는 저 자신도 누구 못지 않게 실감하고 있었고, 따라서 그 실상을 알 만큼 알고 있었지만, 그 내용을 정리해 놓을 일은 엄두를 내지 못했는데, 이번에 성 위원장이 그 어려운 일을 해 냈습니다.

그래서 이제 '정권과 동지가 된 언론', '내로남불의 전형적인 사례' 등 저들의 부끄러운 행적을 역사에 기록으로 남겨놓을 수 있게 되어, 뭔가를 해야하는 것 아니냐고 부담을 느끼고 있던 저 자신이 짐을 벗은 것 같이 개운해졌습니다.

그런데 패악의 정도로 말할 것 같으면 언론노조 MBC본부노조가 훨씬 심했을텐데, 성 위원장님이 KBS위주로 기록을 하다보니 MBC의 치부가 생각보다 많이 드러나지 않았습니다. 아쉽다면 아쉽고 다행이라면 다행이라고 생각합니다.

참고로 MBC본부는 이미 이 책에서 언급된 태블릿PC는 물론이고. 그밖에도 태극기 집회는 아무리 큰 집회라도 보도하지 않는 것이 공정보도이고, 그것을 보도하면 바로 '불공정보도'가 된다는 주장을 하고 있습니다.

이런 사람들을 언론인이라고 불러도 되는지 모르겠습니다.

성 위원장님은 이 책 제목대로 '미친 언론'의 실상을 이번 한번에 그치지 말고 앞으로도 계속해서 기록해 주시기를 부탁드립니다.

그리고 부디 많은 국민들이 이 책을 읽어서 우리나라 언론의 실상을 이해하시고, 앞으로는 이런 언론의 왜곡, 조작, 허위 기사에 속아넘어가지 않게 되기를 기대합니다.

아울러 이 책에서 언급된 바와 같이 펜앤마이크, 조갑제TV, 황장수 뉴스브리핑, 신의한수, 프리덤뉴스, 뉴스타운, 미디어 위치 등 신뢰할만한 유튜브 방송을 시청하여 진실을 알아가게 되시기를 바랍니다.

감사합니다.

고영주 (전 방문진 이사장)

성창경 KBS공영노조위원장의 분투에 격려를 드립니다.

언론은 현대 민주주의 사회에서 없어서는 안될 필수적 사회제도입니다. 그러나 지금의 한국 언론이 집단적으로, 특정 정치세력의 선봉대 혹은 선전대의 역할을 맡고 있다는 것은 부인할 수 없는 사실일 것입니다.

만일 대한민국이 이대로 주저앉는다면 그 책임의 가장 큰 몫은 언론이 져야할 지도 모릅니다. 특히 공영방송인 KBS의 책임은 막중하다고 할 것입니다. 전파는 국민의 것이지만 KBS는 심각한 좌경화의 질곡에 빠져 정치집단화되고 있다는 지적을 받고도 있습니다.

이 책은 작금의 언론 현실에 대한 고발입니다. 현역 언론인이나 일선 기자들이나 기자가 되려는 분들은 이 책을 꼭 한번 읽어 보시기를 바랍니다. 성창경 위원장의 노고에 격려를 드립니다.

정규재 (펜앤마이크 대표)

목차

| 머리말 | 4
| 추천사 | 6

제1장 / 언론, 문재인 대통령을 찬양하다 / 18

1) 테이크아웃 커피 마시는 대통령 / 19
  (1) 만들어진 이미지 '착한 대통령' / 20
  (2) 언론, 대통령과 동지(同志)가 되다 / 21

2) 헤진 구두 신는 대통령 / 23
  (1) 대통령이 왜 헤진 구두를 신나 / 23
  (2) 야당 대표의 '황제장화' / 24

3) 눈물 흘리는 대통령 / 26
  (1) 영화보고 흘리는 '눈물의 정치학' / 26
  (2) 영화는 '위험한 매체' / 27
  (3) '판도라', 원전을 멈추게 했나 / 29
  (4) 대통령, 눈물 아닌 정책으로 / 30

4) 문재인 대통령, 왜 사고 관련해 비난받지 않을까 / 32
5) 재난현장에서 '빛난 리더십' / 34
6) 참사를 '이니 특별 홍보전으로' / 34
7) 북경 '혼밥', '서민식당체험' 으로 둔갑 / 35

8) 야당 대표도 홀대 받았다 / 36

9) 기자회견, ‘프롬프터’ 보고 하기 / 38

제2장 / 왜 보도하지 않나, ‘누락과 축소’ /40

1) 흥진호 391 미스터리 / 40

  (1) 어선 북한 억류 중에 시구(始球)한 대통령 / 41

  (2) 공작원, 달러 배달 설(說) / 43

2) 왜 갔을까, 'UAE 미스터리' / 44

3) ‘문재인-최태원 면담’ 특종 바꿔치기 / 46

  (1) 대통령이 비서실장으로 뒤 바뀐 사연 / 46

  (2) “국익차원에서 고쳤다” / 47

  (3) 청와대, KBS 보도간섭은 ‘언론통제’ / 48

4) 청와대, ‘뉴욕 성추행사건’ 5개월 숨겼다 / 49

  (1) “2차 피해 우려해 숨겼다” / 50

  (2) 윤창중씨 사건, 왜 대서특필(大書特筆) 했나 / 51

5) 탄저병 예방백신 몰래 구입했다 / 53

6) 태극기 참가자 계좌 털었다. / 54

  (1) 우파 집회 참가자 2만 여명 계좌 조사 / 55

  (2) 우파 성금 차단 설(說) / 55

  (3) 대안매체, 유튜브의 폭발적 성장 / 56

7) 숨겨진 뉴스 ‘김사랑 납치 감금사건’ / 59

8) 태블릿PC는 “보도금지” / 61

  (1) 3가지 의혹-입수과정, 저장물 진위, 소유주 / 62

　(2) '국정농단'의 첫 단추, 누가 부인하랴 / 63

　(3) 태블릿PC, 기자들의 '요술램프' / 65

　(4) 태블릿 PC의 반전—"검찰 발표가 틀렸다." / 66

9) 개그(Gag)도 '투쟁' 도구인가 / 67

　(1) 다음 중 가장 억울한 사람은? / 67

　(2) 다음 중 가장 싫은 대통령은? / 69

10) "3.1 절 국민행사는 없고 폭행만 있었다" / 70

　(1) "문재인 물러가라" / 71

　(2) 언론 "세월호 조형물 방화" 만 보도 / 72

11) '남북, 미북' 대화 실체는 무엇인가 / 73

　(1) 북한 비핵화는 "북미 평화협정 체결" / 74

　(2) 미-북 정상회담, 어찌 될 것인가 / 75

　(3) 미-북 평화협정, '누구를 위하여 종을 울릴까' / 77

　(4) 지도자 '말씀' 받아 적는 특사들 / 79

제3장 / 언론노조를 말한다 / 81

1) 언론노조의 정치색 / 81

　(1) KBS 언론노조 위원장, "사실보다 정의보도가 중요" / 82

　(2) '정의'라는 이름의 왜곡 / 83

　(3) 민주노총, 16개 가맹조직 조합원 73만 명 / 84

　(4)민주노총 기본과제, "노동자 정치 세력화" / 85

2) 언론노조의 실체 / 87

　(1) 언론노조의 강령 "노동자 정치 세력화" / 88

(2)언론노조– 132개 언론사, 만3천명 가입 / 90

3) 언론노조가 보도에 미치는 영향력 / 91

(1) 언론노조, 선거 앞두고 파업 잦아 / 91

(2) 노조가 관심 갖는 뉴스는 어떻게 유통되나 / 92

(3) 16년 만에 다시 등장한 'KAL폭파사건 의혹' / 93

(4) 전체뉴스의 절반을 "광우병 파동" 보도 / 95

4) KBS의 좌편향 프로그램 / 96

(1) 정연주 사장 첫인사 "사원 동지여러분" / 97

(2) 좌편향 프로그램 편성은 편파의 '제도화' / 98

제4장 / 이명박 박근혜 정권에서의 방송장악 / 102

1) 이명박 정권, "공영방송을 되찾아라" / 103

2) MBC PD 수첩을 징계하라 / 105

3) 180일 파업, 그리고 징계 / 106

4) 보수정권은 방송을 얼마나 장악 했나 / 108

(1) 정권은 우파, 방송사는 좌파 / 109

(2) 언론에 포위당한 박근혜 정권 / 110

제5장 / 박근혜 대통령 탄핵과 방송 / 114

1) 박근혜 정권 붕괴의 전조(前兆), 세월호 사건 / 115

2) 세월호 사건으로 KBS사장 사퇴 / 116

3) 공천 내홍(內訌), 박 정권 붕괴 시작 / 117

4) 태블릿 PC로 결정타를 날리다 / 119

5) 대통령 탄핵 보도를 말한다.– 40일의 기록 / 120

6) 탄핵, 언론이 선동하고 사법부가 완성하다 / 126

제6장 / '박근혜 탄핵'에 기여했던 프로그램 / 129

1) 표본실의 청개구리 / 129

  (1) 프랑스 7월혁명 vs '촛불혁명' / 130

  (2) 박근혜 vs 루이필립 / 130

  (3) 언론에 속아서 탄핵했다 / 131

2) KBS스페셜 '블랙리스트' / 133

  (1) 문화예술 선별지원, "역대 정부 다 했다" / 134

  (2) 작품 설명 없이 블랙리스트만 강조 / 135

  (3) 선별지원을 '검열'로 방송 / 136

제7장 / '박근혜 때리기' 왜 계속되나 /138

1) 박근혜 무죄는 문재인 정권 기반 붕괴 / 138

2) 박근혜비리 우파결집 막는다 / 139

제8장 / 방송장악을 말한다 / 141

1) '언론장악' 문건은 '방송 탈취' 시나리오 / 143

  (1) 언론노조, '부역자' 101명 발표 / 144

  (2) 노조 동원해 사장 내쳐라 / 145

2) MBC 장악 / 147

    (1) "김장겸 사장을 체포하라" / 147

    (2) 언론노조 위원장 출신, MBC 사장되다 / 148

    (3) 보복, 배현진 전 앵커 '조명창고 대기' / 149

    (4) 전임사장이 발령 낸 특파원을 소환하라 / 151

    (5) MBC간부들, 과거 법인카드 사용내역 조사 / 152

3) KBS 장악 / 153

    (1) KBS이사 사퇴시키기 '작전' / 154

    (2) 법인카드 사용 내역 조사하라 / 155

    (3) 양승동 PD를 사장으로 만들어라 / 157

4) 공영방송 사장과 노동조합의 '거래' / 158

    (1) 사장 옹립(擁立)하고 보직 받는다 / 158

    (2) 노조가 커피숍, 웨딩홀, 주차장 운영 / 160

제9장 / 장악된 언론, 이렇게 보도했다 / 162

1) 문재인 정권을 옹호하다 / 162

    (1) MBC "사법부 블랙리스트 존재 한다" / 163

    (2) KBS "사법부 블랙리스트 존재여부 파악 못해" / 165

    (3) 조선일보 "두 달 뒤졌지만 블랙리스트 없었다" / 166

2) 북한을 좋게 보도하라/ 167

    (1) 달력으로 북한 홍보하나 / 167

    (2) 현송월 '호들갑뉴스' / 168

    (3) 김정은 사진 태우면 '명예훼손' / 170

    (4) 북 건군절 행사, "평창 겨냥한 것 아니다" / 171

3) "노조를 보호하라" / 172

   (1) "승무원해고 어느새 11년 째" / 173

   (2) "해직 8년, 언젠가는 돌아간다" / 174

4) "박근혜 미워지게 하는 뉴스" / 175

   (1) 박근혜 '혐오 프레임' 작동 / 176

   (2) 보수회원 "삭발하면 2백만 원" / 177

5) 이명박 구속 '프로젝트' / 178

   (1) "다스는 누구 겁니까" / 179

   (2) 두 대통령의 같은 운명, 다른 길 / 181

제10장 / KBS에서 일어난 이상한 일들 / 183

1) 보도위원회와 '정치보복 취재단' / 184

2) 전 정권비리만 취재 한다 / 184

3) 기자협회가 나서다 / 185

제11장 / 평창올림픽과 '평양올림픽' / 187

1) 김여정, "고급스럽고 품위 있다" / 188

2) '적군 수괴'(首魁)에게 군사도로 제공하다 / 190

3) 김영철은 천안함 주범 아니다 / 192

4) 공연, "남북은 하나다" / 193

5) 여자 화장실까지 취재하는 언론 / 195

6) "미국 부통령은 예의가 없다" / 196

   (1) 미국 부통령에 감동하는 사람들 / 197

   (2) 공산주의자는 '대화' 아닌 '대적' / 198

7) 숨겨진 뉴스, 미-북 대화 2시간 전 '불발' / 199

8) 면담 때 '대본' 읽는 대통령 / 200

 (1) 문 대통령 '대본 면담', 건강 의구심 / 200

 (2) '프롬프터 기자회견' 논란 / 202

9) 만경봉호에 트럭으로 뭘 실었나 / 203

10) 단일팀 경기, "관객은 동원됐다" / 204

11) 김일성 가면, "북한에선 상상도 못해" / 205

12) '황제' 도시락과 '거지' 도시락 / 206

 (1) 청와대 행사 96,800원짜리 호텔 도시락 / 207

제12장 / 언론, 누가 견제하나 / 209

1) 모니터, 언론감시 첫걸음 / 210

2) 심의기구는 무엇하나 / 212

 (1) 방송사 심의실도 '같은 편' / 212

 (2) 공정방송추진위원회, 견제하나 동조하나 / 213

 (3) 정부심의 기구도 정파적 대립 / 214

 (4) 내부에서 나오는 양심의 소리 / 215

제13장 / 대한민국 어디로 가나 / 217

1) 잠 못 이루는 국민들 / 218

2) 커지는 저항 / 220

| 맺는 말 | 언론자유 그 영원한 가치와 자유 대한을 위해 / 222

제1장 | 언론, 문재인 대통령을 찬양하다

2017년 5월 9일, 촛불혁명으로 정권을 잡았다는 문재인 대통령시대가 열렸다. 박근혜 전 대통령이 탄핵되고 구속된 이후 상황이고, 상대 후보들의 지지도가 미약했기 때문에 문재인 대통령의 당선은 일찌감치 점쳐졌지만 득표율은 예상 외로 높지 않았다. 41.0%이다. 전체 유권자 가운데 31.71%의 지지를 받았다. 박근혜 전 대통령은 51.6%의 득표율과 전체 유권자 가운데 37.8%를 지지를 받았다. 문재인 대통령이 받은 국민적인 지지는 박근혜 전 대통령보다 낮다.

그러나 언론들은 문 대통령이 전국의 절대적인 지지를 받는 것처럼 홍보했고, 미화하는 보도를 많이 내보냈다. 문재인 대통령의 정책과 방향이 무조건 옳거나 바른 것으로 보는 것 같았다. 언론들은 초기에 문재인 대통령에 대해 특별히 탈(脫) 권위 친(親) 서민행보에 초점을 맞추었다. 박근혜 전 대통령에 대해 불통, 오만, 독선 등의 이미지가 덧씌워진 상황이어서 더욱 문재인 대통령의 그런 노력은 도드라져 보였다. 언론들이 문재인 대통령 집권초기에 부각됐던 대통령의 이미지를 몇 가지로 나눠 살펴보겠다.

1) 테이크아웃 커피 마시는 대통령

청와대 경내에서 비서관들과 함께 테이크아웃 커피 잔을 들고 담소 나누는 한 장의 사진. 청와대 입성한지 사흘만인 지난 2017년 5월 11일에 보도된 이 뉴스는 문재인 대통령의 서민적인 이미지를 상징하게 됐다. 그리고 이 뉴스는 신문과 방송 할 것 없이 모두 소개되었다.

이 한 장의 사진은 박근혜 전 대통령의 불통, 오만, 권위주의적 이미지와 대조되며 '문재인은 다르다' 라는 인식을 심었다. 대통령이 소탈하고 서민적이어서 '이것이 대통령이다'라는 말도 나오기도 했다. 이 사진 덕분에 더 많은 지지자가 생겼다. 일부신문들은 과거 박근혜 전 대통령이 청와대 실내에서 원탁 테이블에 서서 비서관들과 차를 마시는 사진을 대조해서 실었다.

박근혜 대통령이 한 발짝 앞으로 나와 있고, 나머지는 모두 뒤로 물러서 차렷 자세를 하고 있는 것 같은 모습에서, 대통령과 참모들 간의 거리감과 함께 권위 의식을 느끼게 했다.

문재인 대통령은 커피 한 잔으로 아주 좋은 대통령의 이미지를 만든 것이다.

(1) 만들어진 이미지 '착한 대통령'

문재인 대통령은 구내식당에서 직원들과 줄을 서서 배식 받고, 함께 식사하는 장면도 뉴스에 나왔다. 또 있다. 의자에 앉을 때 자신이 스스로 윗도리를 벗어 의자에 걸쳤다. 과거 볼 수 없었던 모습이다.

물론 기획되고 연출된 사진이다. 그렇지만 문재인 대통령은 저렇게라도 할 수 있고 박근혜 전 대통령은 그렇지 못했다. 그 차이가 두 사람의 운명을 너무나 다르게 만들었는지도 모른다. 이후에도 문대통령은 어린이를 만나면 자세를 낮추고, 힘든 사람들을 만나면 포용했다. 누가 봐도 좋은 대통령이미지이다.

그동안 박근혜 전 대통령을 마치 '마귀'처럼 대해온 언론은 문재인 대통령에게는 어지간히 잘 못하는 것이 있어도 비판대신 칭찬했다. 차별대우다.

그동안 대통령은 커피 마시며 나눈 대화내용이 뉴스가 되었지, 커피 마시는 모습이 뉴스가 되어본 적이 거의 없었다. 그러나 문재인 대통령은 그의 웃음, 눈물, 미소 등이 모두 기사이다. 언론은 문재인 대통령이라는 '마법(魔法)'에 걸린 것 같다.

청와대에 이런 이미지를 전문적으로 연출하는 사람이 있다고 해도, 문제는 언론이다. 언론이 스타일, 이미지, 태도 등에 주목하고 기사를 쓰는 것은 문재인 대통령에게 유별난 것 같다.

덕분에 지지도는 더욱 올라갔다. 취임초기 지지도는 여론조사 마다 다르지만 대개 80%를 상회했다. 사진 한 장, 한 컷이 만들어 내는 이미지, 백 마디 말보다 강한 효과가 나타났다. '서민 대통령, 착한 대통령, 순진한 대통령'의 이미지로 확장된 것이다. 성공이다.

(2) 언론, 대통령과 동지(同志) 가 되다

우리나라는 대통령이 커피를 마시고 밥을 먹는 것이 뉴스가 될 만큼 한가한 상황이 아니다. 특히 문재인 정권이 출범한 직후는 더욱 그랬다.

당시 북한 핵문제와 사드배치를 놓고, 한중간 갈등과 그로인한 복잡해진 한미간의 문제. 위안부 합의 등으로 불편해진 한일문제 등 외교현안이 산더미처럼 싸여있었다. 그 뿐 아니다. 청년실업과 경제문제 등도 산적했다.

언론 보도는 이런 현안 문제를 대통령이 어떻게 풀어나가는지에 초점을 맞춰야 하는데도 대통령을 마치 연예인 동정(動靜) 보도하는 것 같았다. 처음부터 언론은 문재인 대통령을 '특별한 사람'으로 취급하고 싶었고, 또 '좋게 보도'하고 싶었기 때문이라고 생각한다.

언론은 대통령과의 진한 동지애(同志愛)를 느끼고 있는 것 같다. 기자들과 대통령간에 이념적 동질성, 정파적 일체감을 가졌기 때문이 아닌가 싶다.

그래서 언론은 문재인 대통령을 스타급 연예인으로 보고, 자신들은 지지하는 팬 들 같지 않은가 하는 생각이 든다.

스타는 그 어떤 것을 해도 팬들이 환호하는 것처럼, 문재인 대통령이 어떤 정책을 내놓더라도 그저 좋게 평가하는 듯하다.

이것은 심각한 여론의 왜곡을 가져와, 마침내 정치현실을 호도하고 대통령을 잘못된 길로 가게 할 수 있다. 그리고 그 피해는 지지자들 뿐 아니라 온 국민들에게 돌아간다.

2) 헤진 구두 신는 대통령

문재인 대통령이 취임 후 첫 휴가 기간에, 산소에 절을 하는 장면을 한 방송이 보도 했다. 꾸려 앉아 절하는 대통령의 뒤에서 촬영한 이 사진에는 대통령의 구두 밑바닥이 낡아서 헤진 곳이 드러난다. 이 부분을 확대해서 보도한 방송은 "비싼 구두도 아니고, 장애인 단체에서 만든 싼 구두를 헤질 때까지 신고 있어서 감동적이다" 라고 보도했다.

(1) 대통령이 왜 헤진 구두를 신나

이 장면은 온라인커뮤니티에 있는 것을, 방송카메라로 촬영해 방송한 것으로 보이는데, 낯간지러운 내용이다. 대통령이기 때문에 더욱 그렇다.

거꾸로 보면, 대통령이 헤진 구두를 신고 있는 것을 뒤에서 촬영한 것도 이상하고, 그것을 감동적이라고 방송하는 것도 수상하다. 연출 냄새가 난다. 더구나 대통령이 왜 헤진 구두를 신나. 대통령이 돈을 아끼려고 헤진 구두를 신었을까. 그런 곳에 돈을 아끼는 것보다 잘못된 정책으로 인한 예산 낭비를 줄이는 것이 대통령이 할 일일 것이다.

성급한 원전폐쇄 결정으로 천문학적인 돈을 낭비하는 것, 이런 것을 하지 않음으로써 막대한 세금을 엉뚱한 곳에 사용하지 않도록 하는 것이 더 중요하고 시급하다.

물론 이런 내용은 대통령이 헤진 구두 사진이 나오고 난 뒤의 일이지만, 대통령은 보다 큰 것을 결정하고 판단해야 하는 사람이다. 대통령은 대한민국의 운명을 결정짓고, 국민 전체의 삶에 영향을 미치는 그런 중요한 결정을 하는 자리이다. 그래서 감각적인 이미지 연출이 아니라 정책으로 승부해야 한다. 언론이 이런 보도를 계속하게 되면 대통령을 탤런트 수준에 묶어두게 된다.

(2) 야당 대표의 '황제장화'

여기서 잠깐 야당 대표가 장화 신는 모습을 보도한 것과 비교해보자.

홍준표 자유한국당 대표가 2017년 5월 20일 청와대에서 열린 정당대표들과의 오찬에 불참했다. 대신 그는 충북의 한 수해현장으로 일손 돕기에 나섰다. 문재인 대통령 초청행사에 '항의 뜻'으로 불참한 것이다.

수해현장에 취재 갔던 기자들은 홍대표의 일손 돕기보다 장화 신는 모습을 더 크게 보도했다. 홍대표가 장화를 신기위해 주변 사람들의 도움을 받고 있는 장면을 찍어 '야당 대표의 황제장화'라고 붙였던 것이다.

이 사진은 홍대표가 장화도 혼자서 못 신고 도움을 받았다며 마치 '황제'처럼 처신했다는 것이다. 창피를 주려는 것 아니겠는가. 일손 돕기 기사는 장화 속에 파묻혀버렸다. 문재인 대통령의 헤진 구두와 비교해보면 180도 다른 것이다. 하나는 칭찬, 하나는 창피주기 기사이다.

이날 홍대표가 일손 돕기에 나선 것은, 실제로 일손 돕기가 아니다. 알다시피, 정치인들이 이런 행사를 하는 것은 그야말로 정치적인 행사다. 사진 찍기 위한 이벤트다. 기자들은 다 아는 사실이다. 농촌 생활을 하지 않은 사람이 일손을 돕는다고 무슨 큰 도움이 되겠는가. 이날 정작 기사는 홍대표가 왜 청와대 오찬에 참석하지 않았는지, 그의 발언이 뉴스이다. 홍대표의 발언은 주목받지 못했고 사진만 크게 보도 되었다.

3) 눈물 흘리는 대통령

문재인 대통령은 감성적인 지도자임에는 틀림없어 보인다. 여러 가지 이유중에 눈물을 자주 흘리는 것이다. 영화를 보면서 흘리는 눈물, 사고 현장에서 흘리는 눈물… 이렇게 대통령이 흘리는 눈물 한 방울은 수천, 수만 마디의 말보다 국민들에게 강력한 메시지를 줄 수 있다.

(1) 영화보고 흘리는 '눈물 정치학'

문재인 대통령은 영화를 보면서 눈물을 잘 흘린다.

그는 영화 〈택시운전사〉를 보고 울었고, 영화 〈1987〉도 보고 울었다. 영화라는 매체가 아주 감성적이다. 대형 화면에다, 강한 음악, 매력적인 배우의 연기, 화려한 그래픽 화면 등이 어우러져 메시지를 효과적으로 전달하는 것이다.

감성이 풍부한 보통 사람이라면 영화를 보고 우는 것이 무슨 대수이겠느냐 마는 대통령의 눈물은 다를 수 있다. 특히 이념성향이 강한 영화를 보면서 대통령이 흘린 눈물은, 국민들에게 강한 메시지를 준다는 점에서 그저 흘리는 것이 아니다. 일종의 정치적 표현이다.

문재인 대통령은 특히 좌편향 이념이 강한 영화를 찾아가며 보고

운다. 그리고 영화를 보고난 뒤에 한마디 한다. 〈택시운전사〉를 관람하고 나서 "아직까지 광주의 진실이 다 규명되지 못했다. 이것은 우리에게 남은 과제다" 라고 말했다.

영화 〈1987〉을 보고 나서는 "(민주화 운동에 대해) 그런다고(시위 등을 한다고) 세상이 달라지느냐 라고 묻는데 대한, (달라진다는 것이) 답이다" 라고 말했다. 시위가 세상을 바꿨다는 것이다.

문대통령의 이런 메시지는 영화를 매개로 하는 정치이다. 이명박, 박근혜 전 대통령이 하지 못했던 것들이다. 좋게 말하면 영화를 통해 공감과 소통을 극대화하는 지도자이고, 안 좋게 말하면 영화까지도 잘 이용하는 정치인이다.

(2) 영화는 '위험한 매체'

잘 알다시피 〈택시운전사〉와 〈1987〉은 실제상황을 모티브로 만든 영화이다.

다큐멘터리가 아니라 영화이다. 영화에는 재미와 흥행을 위해 픽션이 들어가고, 특정한 상황을 연출해 재구성한 것이다. 아무리 사실을 바탕으로 구성했다고 해도 연출한 것이다. 음악과 조명, 화면과 자막을 통해 감성을 자극하고 울리는 것이다.

정치지도자가 영화에 영향을 받아서 즉흥적으로 내 뱉는 발언이 정책에 반영된다면, 상황은 다르다. 대통령의 발언은 관련부처에 영향을 주고 대책까지 만들어 내게 할 수 있다. 그래서 신중해야 한다.

〈택시운전사〉도 피해자 입장에서 '5.18 광주'를 바라본 것이다. 이제 '광주'를 말하려면 다각적인 면에서 볼 수 있어야 한다. 피해자 측 영화는 수없이 봤다. 굳이 '가해자' 입장이 아니더라도 상황을 객관적으로 보려는 노력들이 있어야 한다. 그래야 사실이 역사로 만들어 진다. 우리는 5.18에 대해서 지나치게 피해자 입장에 서려는 경향이 있다. 그렇기 때문에 어쩌면 '5.18 광주'도 왜곡돼 있을 지도 모른다.

그리고 5.18 광주를 가해자 입장에서 보려는 그 어떤 것도 죄악시 한다면, 공정하고 객관적인 평가는 요원하다. 보기에 따라 불편해 보이는 것도 정면으로 봐야 한다. 그것이 올바른 역사이다.

영화〈1987〉도 마찬가지다. 등장하는 인물에 대한 보다 객관적인 묘사가 있어야한다. 故(고) 박종철 군을 민주투사만으로 묘사되기에는 그 당시상황이나 환경이 복잡했다. 고 박종철 군이 가담했던 단체의 성격과 같이 활동했던 사람들 등도 살펴보아야 한다. 그 후에 나온 자료에 의하면 '민주화'로만 표현하기에는 복잡한 여러 가지 다른 정황들이 있었다. 친북좌파 운동권 같은 것 말이다. 시위도중에 사망했거나 고문 받다가 죽었다고, 모두가 영웅이 될 수 없다. 미화되어서도 안 된다. 그래서 정확한 평가가 필요한 것이다.

영화는 관객의 이해를 돕기 위해 상황을 단순화하는 것이 특징이다. 그래서 영화는 어쩌면 사실을 파악하는 데는 위험한 매체이기도하다. 영화의 특성상 왜곡이 심할 수 있기 때문이다. 가해자를 피해자로 만들 수 있는 것이 영화이다. 그 반대도 가능하다. 그래서 영화는 '영화'로 보아야한다.

때문에 현대사의 진실규명이 다 이뤄지지 못한 사건을 영화로 만드는 것이 위험하다는 것이 필자의 생각이다. 이해 당사자가 살아있기 때문에 충분히 왜곡할 가능성이 많다.

(3) '판도라', 원전을 멈추게 했나.

여기서 한발 더 나간 듯 경우가 있다. 영화〈판도라〉를 보고 대통령이 원자력 발전을 중단하기로 결정했다는 소식이 그것이다.

설마 대통령이 영화 한편을 보고 국가적 중대사를 결정했을까 싶지만, 원전 폐쇄를 반대하는 쪽은 대통령이 영화를 보고 결정했다고 비판한다. 필자도 그 영화를 보았다. 원자력 발전의 안전에 경각심을 가져야 한다는 측면에서 좋은 영화라고 본다. 그야말로 사실성(事實性)이 떨어지는 오락 '영화'이다. 대부분의 재난영화가 다 그렇지만, 사고의 발생과 전개 등에 극적(劇的)인 요소가 등장한다. 재미를 위한 것이다. 그리고 그 재미있는 요소가 관객들의 뇌리에 깊이 박힌다.

그렇지 않기를 바라지만, 만약 대통령이 영화를 보고 원전폐쇄를 결정했다면 심각할 수 있다. 영화와 현실을 구분하지 못하는 것은 물론이거니와, 보편타당한 근거위에서 중요한 정책이 결정되는 것이 아니기 때문이다.

원전 폐쇄를 결정했다가 다행히 국민 배심원단의 판단으로 재개되었지만, 그 후유증은 아직도 진행형이다. 진행 중인 원전공사를 멈추고 해외 원전수출도 막혀버렸기 때문에 결국은 천문학적인 돈이 낭비되었다. 대통령이라는 자리는 이렇게 중요한 결정을 내리는 것이기 때문에 감성이 아닌, 냉철한 지성이 요구된다고 하겠다.

(4) 대통령, 눈물 아닌 정책으로

문재인 대통령의 눈물은 사고 현장에서도 이어졌다. 29명이 숨지는 등 많은 사람들이 화상을 입은 제천스포츠 시설 화재 때다. 대통령은 화재 현장에서 유가족을 위로했다. 일부 유가족은 거세게 원망했다. 대통령은 "대통령이 유족의 욕이라도 들어 야죠"라며 그들의 항의를 들었다고 한다. 그리고 돌아오는 길에 차안에서 울먹였다고 청와대가 밝혔다.

굳이 청와대는 대통령이 차안에서 울었다고 왜 밝혔을까. 알다시

피, 대통령의 자리는 욕을 들어주거나 우는 것이 아니라, 재난 상황이 발생하지 않도록 관리를 철저히 하는 것이 중요하다. 그것이 지도자가 할 일이다. 사후 눈물을 흘리는 것은 누구나 할 수 있다. 그러나 별소용이 없다.

20명이 2층 목욕탕에서 가스에 질식돼 죽어갈 동안 그들의 고통이 어떠했겠는가. 마지막 순간까지 119 전화번호를 눌러대고, 가족에게 구해달라고 부르짖었다. 그러나 아무도 오지 않았다.

소방대가 현장에 출동한 뒤에도 2층에서 사람들이 죽어갔는지도 몰랐고, 3층 구조에 나섰다고 하니 기가 찬다. 그래서 제천참사도 인재(人災)다.

"대통령은 대형 참사에 대해 무한책임을 져야한다"고 세월호 사건 당시 야당이 주장했던 말이다. 굳이 이런 말을 따지지 않더라도, 대통령은 구체적인 대책을 마련해야 한다. 이것이 눈물 흘리는 것 보다 더 필요하다.

20여일 전에 발생한 영흥도 낚시 배 전복 사고 때는 대통령이 상황실에서 묵념하는 사진이 크게 보도됐다. 언론은 사고 수습보다 대통령이 얼마나 신속하게 사고소식을 듣고, 상황실을 들렀는지에 관심이 더 많은 것 같다. 〈세월호 7시간〉 때문이라고 본다. 세월호 이후 참사 보도에서 대통령이 무엇을 했느냐가 중요한 '체크 포인트'가 돼 버렸다. 사고 수습과 대책보다 대통령의 동선(動線)이 더 중요한 뉴스가 된 셈이다.

이런 상황이 계속되면 보여주기 식인 '쇼'가 되기 쉽다. 그래서 위험하다. '정치'만 있고 '정책'은 없어질 수 있기 때문이다. 눈물이나 슬픈 표정이 사고에 대한 책임을 다한 것이 아니다. 대책을 세워야 같은 사고가 반복되지 않는다. 언론이 이것을 모를까.

4) 문재인 대통령, 왜 사고 관련해 비난받지 않을까

여기서 지적하고자 하는 것은 대형 참사 사건 때 언론이 대통령을 비난하는 태도이다. 문재인 대통령의 취임이후 제천 화재사건, 밀양 세종병원 사건, 낚시 배 전복사건 등 사고로 희생된 사람만도 100 명이 넘는다. 이런 대형 사고가 잇따라 일어나도 대통령을 비난하거나 탓하는 언론은 거의 없다. 물론 대통령이 사고를 낸 것이 아니지만, 세월호와 비교하면 분명 큰 차이가 있다. 그 땐 대통령의 책임을 강하고 집요하게 제기했다. 그래서 결국 탄핵까지 간 것 아닌가.

인신공양, 굿, 밀애, 수술 설 등 말도 안 되는 의혹제기로 공격했다. 그런데 문재인 대통령에 대해서는 왜 이다지 다르게 대우 할까. 참사가 이렇게 이어지는 상황이라면 적어도 문재인 대통령의 상황파악이나 대처능력 등 문제점을 지적해야 한다. 그런데도 그런 기사는 거의 없다.

박근혜 전 대통령에 대한 언론의 지나친 공격을 지적하자, 당시 기자들이 '언론은 살아있는 권력을 견제하고 비판 한다' 고 말했다. 그렇다면 같은 논리를 왜 문재인 대통령에게는 적용하지 않는가.

언론이 문재인 정권을 비호(庇護)하거나. 칭찬하는 것은 왜 그럴까. 민주노총산하 언론노동조합 소속 기자들이 문재인 정권과 정서적 일체감을 갖고 있기 때문일까. 아니면 언론들이 이명박, 박근혜 정권아래서 탄압을 받았기 때문에 문재인 정권에 동병상린(同病相燐)적 동지(同志)의식을 갖고 있기 때문일까.

그것도 아니라면 권력에 줄을 서서 한자리라도 얻어 볼까하는 현실적인 이유일까.

아마 이런 이유들이 종합적으로 작용한 것이 아닌가 생각 든다. 언론이 정권을 견제하지 않으면, 권력은 브레이크 없이 질주하는 열차와 같다. 결국 자체 동력(動力)을 감당하지 못해 전복(顚覆)된다. 비판과 견제를 받지 않는 권력이 넘어지는 경우를 많이 봐왔지 않은가.

5) 재난현장에서 빛난 리더십

한국 언론은 비난해야 할 상황을 칭찬거리로 만드는데도 뛰어나다. 제천 체육시설 화재 때 일부 언론이 문재인대통령이 재난 현장에서 지휘를 잘했다고 칭찬하는 기사를 썼다. 모 일간지는 '재난현장에서 빛난 리더십'이라는 제목의 기사를 실었다. 문재인 대통령이 현장지시를 잘해서 리더십이 돋보였다는 기사였다. 제천화재 사고로 많은 사람들이 죽거나 다쳤는데 대통령을 칭찬하는 기사가 적절하지 않다는 것, 누구나 공감할 것이다.

세월호 사건 때, 매 10 분마다 대통령의 행적을 밝히라고 요구했던 사람들이라면, 60여명의 사상자가 난 제천사고에서도 대통령은 무엇을 했는지 물어야 하는 것이 공정하지 않은가. 이런 질문은 고사하고 칭찬을 하는 이런 보도를 믿어야 하나.

6) 참사를 '이니 특별홍보전으로'

정부가 운영하는 정책 홍보방송인 KTV는 문재인 대통령을 홍보하는 코너 까지 마련했다가 거센 여론의 역풍을 맞았다. KTV는 2017년 12월 26일 홈쇼핑처럼 화면 좌측상단에 〈정책 홈쇼핑, 이니 특별

전〉이라는 자막을 넣어 방송했다. 여기서 '이니'는 지지자들이 문재인 대통령을 애칭으로 부르는 이름이다.

이 코너에서 KTV는 대통령이 제천화재 현장에서 "유가족 욕을 들어 드리는 게 대통령이 해야 할 일"이라는 자막을 넣고 마치 홈쇼핑에서 상품을 소개하듯이 대통령의 활동을 홍보했다. 29명이나 숨지고 30명 넘게 다친 대 참사현장을 대통령의 홍보수단으로 이용하는 것은 아무리 국정 홍보 매체라고 해도 너무 심했다. 비난 여론도 빗발쳤다.

당시 야당은 대통령이 쇼(Show)에 중독되다 보니 국민의 희생마저 쇼에 활용하고 있다고 비난했다. 왜 이런 방송이 가능할까. 장악이라고 본다. 현재 한국 언론의 문재인 대통령을 '띄우는 분위기'가 보편화됐다고 본다. 그래서 그것이 창피한 것인지도 모른다.

7) 북경 '혼밥', '서민식당체험'으로 둔갑

대통령이 곤란한 상황에 처할 때, 구해주기에 나서는 것도 한국 언론이다. 2017년 12월 14일 문재인 대통령이 중국 베이징 시에서 수행원들과 함께 아침식사를 했다. 국빈 방문한 한국대통령이 주석이나 총리 등과 조찬을 하지 못하고 중국식당에서 식사했다.

한국에서는 문재인 대통령에 대한 홀대 론이 커지면서 '혼밥' 논란이 거셌다. 한국에서 '홀대'론이 커지자 일부언론에서는 〈문 대통령 깜짝 '서민행보', 북경 서민 식당 찾아〉라는 제목으로 기사를 썼다. 그러면서 '소프트 외교'의 일환이라는 것이다.

견강부회(牽强附會)이다. 대통령이 굳이 북경에서 서민체험을 할 이유가 뭐가 있는가. 자연인으로 여행 갔으면 그렇게 할 수도 있지만, 국빈 방문한 나라에서 수행원과 함께 밥을 먹는 것이 무슨 서민체험인가. 그리고 문재인 대통령이 중국 북경시장에 출마할 것도 아닌데 서민체험 한다는 것도 이상하다. 대통령이 궁지에 몰려있으니까 구해주려는 의도가 아니겠는가. 그래서 고안해 낸 것이 '서민식당체험'이라고 본다. 곤란에 처한 대통령을 위한 '억지기사'가 아닌가. '혼자 먹는 밥'을 서민체험으로 승화시킨 그 아이디어가 기발하다.

8) 야당 대표도 홀대 받았다

언론의 문대통령 구하기는 또 있다. 야당지도자도 홀대 받았다고, 이른바 '물 타기'하는 것이다.

2017년 12월 14일 홍준표 자유한국당 대표가 일본 아베총리를 총리 공관에서 만났다. 일부 언론은 홍 대표와 아베총리가 의자에 마주 앉아있는 사진과, 악수하며 인사하는 사진을 보여주며 '알현(謁見)외교', '조공(朝貢)외교'라며 홍 대표의 '저자세'를 비난했다.

홍대표가 앉아있던 의자가 아베총리의 의자보다 낮았고, 인사하면서 아베총리는 서있는데 홍 대표는 머리를 숙였다는 것이다.

이는 문 대통령이 중국에서 혼자서 밥 먹고, 수행 기자들이 경호원들에게 폭행당하는 등 이른바 홀대 논란을, 야당 대표의 저자세 외교를 부각시켜 초점을 흐리게 하려는 의도로 보였다.

마치 우리나라는 대통령이나 야당 대표가 외국에 나가서 홀대받는 것이 일반적이라는 것을 말하려는 듯이 보였다. 국력이 약해서 그렇단 말인가. 그래서 정당화하려는 것인가. 의도가 뻔히 보이는 낮간지러운 뉴스다. 국민의 수준을 어떻게 보고 이런 보도를 하는지 모르겠다. 이런 지경이면 무슨 보도를 하지 못하겠는가.

권력을 견제하거나 비판하는 언론의 역할을, 언론학에서 감시견 (Watch dog)으로 비유된다. 불법과 부정, 비리 등을 견제하기 위해서이다. 그렇다면 권력을 보호해주고 지켜주는 언론은 충견(忠犬)으로 불러야 하지 않을까. 오늘날 한국에는 충견이 많아 보인다.

9) 기자회견, '프롬프터' 보고 하기

문재인 대통령은 2018년 1월 10일 청와대에서 신년기자회견을 했다. 청와대는 사전 각본 없이 미국 백악관 기자회견식으로 한다며 홍보에 열을 올렸다. 말하자면 과거에는 기자와 청와대가 짜고, 정해진 순서에 따라 기자회견을 했는데 이번에는 기자들이 자유롭게 손을 들어 질문한다는 것이다. 그만큼 문재인 대통령이 솔직하고 또 자신감 있다고 홍보한 것이다.

그러나 문제는 드러나기 마련이다. 대통령이 기자회견 하는 양측 전방에 대형 프롬프터, 즉 글씨를 확대해 보여주는 장비가 놓여있었다. 글씨도 적혀있었고 대통령의 시선도 그쪽으로 향했다.

질문에 대한 대답을 누군가가 적어주었고, 대통령이 그것을 보고 대답했다는 지적이 나왔다. 그러나 청와대는 〈질문의 요지〉를 적어줬다는 것이다.

질문이 정확하지 않거나 복수의 질문을 했을 때, 정리해서 대통령이 잘 보게 했다는 것이다.

그렇다면 보좌진은 질문의 요지를 이해했는데, 대통령은 이해하지 못한다는 말인가. 또 질문이 두 개 이상이라고 해도 마찬가지이다. 메모해서 대답하면 되는 것을, 왜 대통령은 그렇게 하지 못하는가.

현장에 있던 기자들도 프롬프터의 문제점을 제기하지 않았다. 프롬프트를 볼 수 있었던 사람들도 대통령과 참모진 뿐이었으니 기자들이 몰랐던 것도 당연한지 모르겠다. 그럼에도 기자들은 그런 기계가 왜 필요한지, 물어봄직도 한데 아무도 묻지 않았다.

기자회견 형식을 자유롭게 바꿨다고 말했지만 별반 달라진 것이 없었다. 현안에 대한 예리한 질문이 있었던 것도 아니고, 속 시원한 답변도 없었다.

홍진호 사건이나, 임종석 실장의 UAE방문과 그 행적, 탄저균 백신소동, 박근혜 전 대통령의 사법처리와 인권유린 논란, 적폐청산이름으로 자행되는 '보수궤멸'과 정치보복논란 등 물어야 하는 질문과 들어야 하는 답변이 차고 넘쳤지만, 예봉을 피해가는 듯했다.

문재인 대통령에게는 묻지도, 따지지도 않는 언론이라는 말이 나오는 것이 이상해 보이지 않았다.

왜 보도하지 않나, '누락과 축소'

일방적으로 문재인 대통령을 홍보하는 기사도 문제이지만 상황이 불리하다고보도하지 않는 것도 더 큰 문제다. 문재인 대통령 당선이후 보도되지 않는 기사와 축소 보도 내용들을 살펴보겠다.

1) 흥진호 391 미스터리

2017년 10월 27일, 느닷없이 북한 조선중앙통신이 "인도주의적 견지에서 흥진호 선원들을 송환 한다"라는 내용을 보도했다. '흥진호 북한 억류 사건'이 알려진 것이다. 이 발표가 있기 전에는 국민들은 까

맣게 모르고 있었던 것이다.

사건은 일주일 전인 10월 21일, 경북 경주시 감포항에서 출항한
'391홍진호'가 동해안에서 북한 경비정에 의해 나포됐다. 그 배에는
한국 국적 선원 7명 과 베트남 국적 선원 3명 등 모두 10명이 타고 있
었다.

홍진호가 다시 한국으로 돌아온 뒤, 당국이 배에서 내리는 선원들
의 사진이 공개되면서, 실체를 조금씩 알게 되었다. 건장한 청년 같이
보이는 사람들이 마스크를 착용하거나 모자를 쓴 모습, 게다가 기자
회견이나 가족의 마중도 없이 성급하게 사라지자 의혹이 커져갔다.
저들이 선원이 맞나? 하는 의심이 생긴 것이다.

송영무 국방장관은 국회에서 질의를 받고 "홍진호가 나포된 것을
언론 보도를 보고 알았다"고 말했다. 엄현성 해군참모 총장도 같은
대답을 했다. 국방 책임자들도 우리 어선이 나포돼 일주일 동안 억류
됐던 사실을 몰랐던 것이다.

(1) 어선 북한 억류 중에 시구(始球)한 대통령

그런데 뒤에 밝혀진 상황을 정리해보면 의혹은 더 깊어진다. 홍진
호가 나포되던 날인 2017년 10월 21일 밤 10시 19분 쯤, 동해해양

경찰서는 수협 어업정보국으로부터 홍진호가 연락두절 됐다는 통보를 받는다. 바로 수색에 들어간 뒤 이날 밤 11시 11분에 관련 내용을 해군에 전파했다.

동해 해경의 보고를 받은 해경본청은 이튿날인 10월 22일 오전 8시 2분, 청와대와 총리실, 해수부, 국가정보원, 해군작전사령부 등 관련부처에 같은 내용을 전파했다. 일본과 러시아 등 인접 국가에도 홍진호의 소재파악을 요청한 것으로 드러났다.

이런 상황에서, 국방장관 등 안보관련 책임자들이 내용을 몰랐다는 것이 더 이상했다. 주요 국가 기관에까지 실종소식이 전해졌는데도 몰랐다는 것이 이상한 것이다.

문재인 대통령은 홍진호 선원들이 억류돼 있던 2017년 10월 25일, 광주광역시에서 열린 프로야구 한국시리즈 1차전에 시구자로 등장했다. 부인 김정숙 여사와 야구를 관람하면서 치킨과 맥주를 즐기던 모습도 방송에 비춰졌다. 나중에 이 소식을 접한 국민들은 분개했다.

10명의 선원이 탄 배가 실종돼 생사도 불분명한데, 대책은 커녕 관련소식을 국민들에게도 알리지도 않고, 대통령이 한가하게 프로야구 시구와 '치맥'을 즐겼다는 것이 국민들의 분노를 자아냈던 것이다.

자연스레 세월호와 오버랩 됐다. 배가 침몰하던 7시간동안, 박 전 대통령은 무엇을 했는가와 비교된 것이다. 나포 됐다가 풀려나기까지 무려 144시간 동안 문재인 대통령은 무엇을 했으며, 왜 당국은 아무런 조치를 하지 않았을까

청와대 등 관련기관에서 모든 정보를 보고받고, 국민에게 알리지 않았던 사실, 국방장관 등 안보라인 주무장관은 몰랐다는 사실, 대통령은 한가하게 지방의 프로야구 행사에서 '치맥'을 즐겼다는 사실 등이 복합적으로 작용하면서 강한 의혹이 일었다. 홍진호 미스터리는 지금도 의문덩어리로 남아있다.

(2) 공작원, 달러 배달 설(說)

마침 당시에는 곧 있을 트럼프 미국 대통령의 방한을 앞둔 시점이어서 온갖 억측들이 나돌았다. 배에 타고 있었던 사람들은 선원이 아니라 공작원이었다는 설, 그들이 북한에 달러를 실어 주고 왔다는 설 등이 이어졌다. 시민단체 등이 홍진호 실체에 대해 공개하라고 해도, 당국은 공식적으로 조사결과를 발표하거나 공개하지 않고 있다. 그래서 홍진호는 여전히 미스터리로 남아 있다.

통상 과거의 사례로 살펴보면, 배가 실종되거나 북한에 나포된 사

실이 드러나면 방송은 〈뉴스속보〉 〈뉴스특보〉 형식으로 보도한다.

또 가족은 물론 마을 주민들의 반응까지 인터뷰한다. 그런 것이 없었을 뿐 아니라 귀환했을 때도 조용했다. 그 후에도 선장과 선원이 북한에서 묵었다고 주장하는 여관이 서로 달랐다는 점, 복어(鰒魚) 잡이 철이 아닌데 복어 잡으러 갔다는 점 등이 알려지면서 더 많은 의혹을 불러일으켰으나 언론은 조용했다.

홍진호에 대한 의혹을 제기할수록 언론들은 긴 침묵에 들어갔다.

2) 왜 갔을까, 'UAE 미스터리'

임종석 대통령 비서실장이 2017년 12월 10일 아랍에미리트를 방문했다는 소식이 보도됐다. 이 뉴스도 청와대가 발표한 것이 아니라 임실장이 비행기에서 내리는 장면이 언론에 포착됐기 때문에, 청와대가 뒤늦게 알린 것이다. 방문 목적은 현지 주둔하고 있는 우리 군을 격려하기 위해서라고 밝혔다.

청와대의 발표가 있자, 이를 의심하는 정황이 곳곳에서 나타났다. 군을 격려하러 가는 데 왜 대통령 비서실장이 갔을까, 왜 보도 자료도 배포하지 않고 몰래가듯 움직였을까 등 의문이 꼬리를 물었다. 이어

임종석실장이 이명박 전 대통령 원전 수주 관련 비리를 조사하기 위해 갔다는 뉴스도 나왔다. 이때부터 언론의 추측보도가 이어졌다.

청와대는 임실장의 특사방문 목적은 "국익을 해칠 수 있다"면서 입을 다물었다. 그러자 야당은 문재인 정권의 탈 원전 정책에 UAE가 반발해 한국 기업들에게 철수를 명령했기 때문에, 이를 무마시키러 갔다는 주장도 나왔다.

청와대는 그 후 여러 차례 임실장의 방문 목적에 대해 말을 바꿨다. 그리고 아직도 그 진실에 대해 정부가 설명한 바는 없다.

그 후 UAE의 실세로 알려진 '칼레'장관이 한국을 방문해 임종석실장과 문재인 대통령을 만나 양국 간 갈등요인은 없다고 발표했다.
그리고 김성태 자유한국당 대표와 임종석실장이 만나 더 이상 UAE문제를 거론하지 않기로 합의했다고 발표했다. '국익'을 위해서라는 것이다. 그것이 전부다. 더 이상 언론보도도 없다.

그렇다면 임종석 실장이 레바논으로 넘어가 북한 측 인사와 만났다는 설은 무엇인가. 주사파(主思派) 비서실장의 의심스런 행보를 우려하는 사람들이 많다. 일각에서는 레바논이 북한과 친하고, 돈세탁에 능해서 '비트코인' 관련 돈세탁 의혹을 제기하는 것도 있었다. 침묵하면 할수록 더 커지는 것이 의혹이고 의심인 것이다.

3) '문재인 – 최태원 면담' 특종 바꿔치기

이런 가운데 KBS가 임종석비서실장의 UAE방문과 관련해 특종보도를 했다. 문재인 대통령과 최태원 SK회장이 만났다는 것이다.

(1) 대통령이 비서실장으로 뒤 바뀐 사연

2017년 12월 28일 〈KBS뉴스 9〉에서 최태원SK 회장이 문재인 대통령을 12월 초순에 만났다고 톱뉴스로 보도했다. KBS는 보도에서 "문재인 정권이 UAE 관련, 전(前) 정권이 벌여온 사업을 조정하는 과정에서 UAE가 반발하면서 한국기업들이 수주해온 사업들이 백지화 될 위기에 있었다' 는 것이다. 'SK 역시 2조 원대 정유관련 사업이 무산될 위기에 처하자, 최 회장이 문 대통령을 만나 도움을 요청했다"는 내용이었다. 이에 문대통령은 임종석 비서실장을 UAE에 파견해 문제를 풀도록 지시했다는 것이다. UAE에 임종석실장이 간 이유가 드러난 것이다.

그런데 이상하게도 그 뉴스는 그날 밤에 모두 삭제되었다. 그다음날 9시 뉴스에서는 최태원 회장이 만난 사람은 문재인 대통령이 아니라 임종석 비서실장이라고 내용이 바뀌었다.

그날 밤 9시 뉴스가 방송되자 바로 청와대에서, '내용이 틀리다면서 항의를 했다'는 것이고 그날 밤 11시에 방송될 예정이던 뉴스는 모조리 뺐다는 것이다. 청와대는 최태원회장이 만난 사람이 문재인 대통령이 아니고 임종석비서실장이라고 주장했다는 것이다.

내용이 틀렸다면 고쳐서 방송하는 것이 맞다. 그런데 이 내용을 처음 보도한 기자와 원고를 감수하는 상급자인 데스크는 첫 보도 내용이 맞다고 주장하고 있다. 첫날 보도가 팩트(사실)인데, 청와대의 요청으로 '손질'된 내용이 그 다음날 보도됐다는 것이다. 이같은 사실은 미디어 비평지인 〈미디어 오늘〉에도 기사가 났다.

(2) "국익차원에서 고쳤다"

그렇다면 왜 기사를 고쳐냈을까. 요체는 '청와대 항의'를 받고 고친 것이다. KBS 취재팀이 확인한 내용은 최태원 회장은 SK이노베이션 사장을 배석시켰고, 문재인 대통령은 임종석 비서실장과 함께 나왔다는 것이다. 이 사실은 청와대와 SK 양쪽에 모두에게 확인했다고 해당 데스크는 밝혔다.

보도가 나가자 청와대가 '발칵' 했고 급기야 KBS가 다음날에 내

용을 고쳐서 '거짓' 방송한 셈이다. 데스크도 고친 이유를 '국익차원'
이라고 말했다. 청와대의 논리와 같다.

(3) 청와대, KBS 보도 간섭은 '언론통제'

박근혜 전 대통령 때 세월호 사건과 관련해 청와대 홍보수석 이었
던 이정현의원이 당시 KBS보도국장에게 전화를 걸어, 좀 봐달라고
읍소(泣訴)했다.

당시 이정현 홍보수석은 보도국장에게 해경을 너무 심하게 나무
라지 말고 살살 보도해 달라고 부탁했던 것이다. 당시 이 수석의 통화
내용은 보도국장에 의해 모두 녹음됐다가 방송 등을 통해 널리 알려
졌다. 이 수석은 보도간섭 등의 이유로 기소됐다.

그와 비교해 문재인 대통령이 만난 것을 임종석실장이 만난 것으
로 바꿔치기 한 것은 더 큰 죄 아닌가. 보도간섭이 아니라 보도통제를
한 것이다.

그렇다면 문재인 대통령이 최태원 회장을 만난 것을 왜 극구 숨겼
을까. 그것은 박근혜 대통령의 탄핵과 관련이 있다는 말이 나왔다.

박 전 대통령이 탄핵과 구속되면서 받았던 혐의가, 재벌기업에 묵
시적 청탁을 해서 최순실씨 재단에 돈을 지원하게 했다는 것이었다.

이 '묵시적 청탁'이 문제라는 것이었다. 즉 대통령이 구체적인 부탁을 하지 않아도 재벌 총수를 만난 것은 청탁을 위한 것으로 봤다는 것이다. 그렇다면 문대통령도 최태원 회장에게 묵시적 청탁을 한 것으로 비칠 수 있다는 논리라는 것, 그래서 만난 사실을 숨기려했다는 것이다.

문재인 대통령이 나중에 문제가 생겼을 때, 보호를 받기 위한 조치로 보인다. 이 대목을 놓고 보면, 박 전 대통령에 대한 묵시적인 청탁이라는 혐의도 무리였다는 것을 암시하는 것이 아닌가 싶다.

위 사실들을 종합해보면 청와대와 KBS는 거짓말을 한 것이다. 언젠가 반드시 밝혀져야 할 의혹들이다.

4) 청와대, '뉴욕 성추행사건' 5개월 숨겼다

청와대는 2018년 2월 7일, 갑자기 5개월 전의 성추행 사건을 발표했다.

내용은 2017년 9월, 문재인 대통령이 미국 뉴욕을 방문할 당시 국방부에서 파견된 경호실 공무원이 현지 인턴 여직원을 성추행했다는 것이다. 청와대는 피해자의 2차 피해가 우려돼 그동안 알리지 않았다고 밝혔다. 청와대는 당시 피해 여성이 사건 발생 즉시 문제를 제기해 해당 공무원은 귀국 후 조사를 받았고, 3개월 정직 징계를 받았다고 밝혔다.

(1) "2차 피해 우려해 숨겼다 "

사건 발생 5개월이 지나서 발표 하는 이유는, 뉴욕 한인 일부 매체에서 당시 사건을 보도했기 때문이었다. 그동안 숨겨왔다는 것을 실토한 것이다.

5개월 간 은폐 비난이 일자, 청와대는 징계를 받은 사람이 8명이 더 있다고 밝혔다. 범행 장소에 함께 있었던 사람들에게 범행을 제지하지 않았던 점을 책임 물었다는 것이다.

사건은 2017년 9월 21일 밤, 맨해튼 코리아타운의 한 식당에서 일어났다. 경호실 직원이 인턴 사원과 함께 회식을 하던 중에 성희롱이 있었고 신체접촉도 시도했다는 것이다. 이 상황은 맨해튼거리에서도 이어졌고 인턴 여성은 즉각 외교부에 관련 사항을 알렸다.

그런데 청와대가 이 사건을 발표하기 이틀 전인 2월 5일, 문 대통령이 수석보좌관회의에서, 이른바 '미투 (me too)' 사건의 대책 마련을 지시했다. 성추행 등을 당했다고 폭로하는 사람들이 늘어나자 이에 대한 대책을 지시한 것이다. 문 대통령은 이 회의에서 "피해자가 성

범죄의 2차 피해에 대한 두려움 때문에 문제 제기를 못 하는 일이 없도록, 조직적으로 은폐할 경우, 해당 기관장이나 부서장에게까지 엄중한 책임을 물어야 할 것"이라고 말했다.

야당은 즉각 청와대가 조직적으로 범행사실을 은폐했다는 의혹을 제기했다. 자유한국당 김성태 원내대표는 "문 대통령이 강력한 (문책) 의지를 표명한 마당이라면 대통령 방미 길에 있었던 성희롱에 대해서도 숨기지 말았어야 했다"고 비판했다. 청와대에서 일어난 사건은 숨기고 다른 사건은 일벌백계(一罰百戒)로 처벌하라는 소리가 말이 되냐는 것이다.

(2) 윤창중씨 사건, 왜 대서특필(大書特筆) 했나

이 사건은 박근혜 전 대통령이 2013년 미국을 방문했을 때, 당시 윤창중 청와대 대변인의 인턴 성추행 사건과 유사하다. 대통령 순방 길에 공무원에 의한 미국 현지 인턴 사원에 대한 성추행이라는 점이 같다. 당시 야당이었던 더불어민주당은 크게 반발했다. 야당은 "국가의 품위를 손상시키고 국제적 망신을 초래한 사건에 대한 철저한 진상조사와 책임자 처벌, 피해자에 대한 사죄가 필요하다"고 목소리를 높였다.

또 "청와대가 보고를 받고 윤창중씨를 중간에 경질한 과정에 대해서도 한 점 의혹이 없도록 소상히 밝혀야 할 것"이라고 요구한 바 있다. 그러나 지금 더불어 민주당은 별 말이 없다. 언론도 윤창중씨 사건은 연일 중계보도 하듯이 대서특필(大書特筆)하면서 나라의 품위를 크게 훼손시킨 사건이라고 보도했다. 그러나 언론들은 이번 사건을 다루지 않거나, 다루더라도 한 줄 기사로 가볍게 지나고 있다. 비슷한 사건인데 보도내용은 판이하게 다르다.

왜 언론은 이렇게 다르게 반응하는가. 사건은 비슷한데, 대통령만 다르다. 박근혜와 문재인, 그것이 보도가 다른 가장 큰 차이다. 문재인 대통령에게 유리한 내용은 노골적으로 홍보하듯이 보도하지만, 불리한 것은 애써 외면한다.

성추행을 숨긴 기관장에게 책임을 물어야 한다고 문대통령이 밝힌대로 책임을 져야한다. 청와대의 장(長)은 대통령이지만, 직무 특성을 고려한다면, 적어도 비서실장이 책임을 져야한다. 그렇지 않다면 '내로남불' 아닌가. 대형 참사로 수십 명의 무고한 사람들이 희생되어도 문재인 대통령이 눈물 흘리거나 유족에게 욕을 들어주면, 그냥 아무 일 없다는 듯이 지나간다. 박근혜 전 대통령은 각종 의혹에 시달리다가 결국은 탄핵되었다는 사실, 이것이 대한민국 언론과 정치의 현실이다. 누가 정의롭다고 할 것이며 공평하다고 할 것인가.

5) 탄저병 예방 백신 몰래 구입했다

유튜브 방송인 〈뉴스타운〉이 2017년 12월 20일, '청와대가 탄저균백신을 국민 몰래 들여왔다'라는 내용을 보도하면서 파문이 일었다. 북한의 세균전(細菌戰)에 대비하면서 국민들 몰래 청와대 직원 등에게만 주사할 약을 구입했다는 것이었다. 뉴스타인이 특종 보도한 충격적인 내용이었다. 탄저균이 무서운 것 보다, 국민에게 알리지 않고, 청와대 직원만 살리려고 했느냐는 비난이 빗발쳤다.

이 내용도 다른 언론들은 거의 보도하지 않았다. 유튜브와 인터넷 등에서는 연일 크게 보도했다. 뉴스타운은 청와대가 관련부처에 탄저균 백신을 구입해 달라고 보낸 공문도 공개했다. 궁지에 몰린 청와대는 백신 도입을 추진한 것은 박근혜 정권 때라고 밝혔다. 국민들은 불리한 내용만 나오면 무조건 전(前) 정권을 탓한다며 청와대를 더 비판했다.

파문이 확산되자 경찰이 뉴스타운 손상윤 회장을 허위사실에 의한 명예훼손 혐의로 조사한다고 밝혔다. 뉴스타운 보도 가운데, 청와대 직원들이 백신 주사를 맞았다는 부분이 사실이 아니라는 것이었다.

손 회장은 언론탄압이라며 단식으로 맞섰다. 2018년 1월 30일부터 시작된 단식농성은 8일 만에 손회장이 병원에 이송되면서 끝났다. 그런데 병원에 입원한 손회장에게 경찰이 구속영장까지 신청했지만 검찰에 의해 석방됐다. 그렇지만 강한 여론의 역풍이 불었다.

이 사건은 유튜브의 파급력과 영향력을 한 층 더 높여줬다. 뉴스타운을 지지하는 성명이 잇따랐고, 후원하겠다는 개인과 단체도 늘었다.

이런 기사는 , 어디서 특종을 했던 간에, 첫 보도가 나오면 언론이 뒤따라 보도해야 한다. 국민의 안전에 관한 내용이고 권력의 최고 핵심부인 청와대가 관련돼있기 때문이다. 그런데 외면했다. 문재인 정권에 불리한 것은 아무리 중요해도 보도되지 않는다는 것을 보여준 기사였다.

6) 태극기 참가자 계좌 털었다.

이번엔 신생 미디어인 〈펜앤드마이크〉가 의미 있는 특종을 했다. 이른바 태극기 집회에 참석한 우파 회원들이 계좌조회를 당했다는 보도였다. 경찰이 뒤진 것이었다. 이를 관련법에 의해 금융기관이 해당 고객들에게 통보 한 것이다.

(1) 우파 집회 참가자 2만 여명 계좌 조사

특정의 태극기 집회에 참가한 사람들이 후원금 1-2만 원 정도 냈는데, 돈을 받은 단체의 간부가 횡령했다며 조사한다는 것이다. 계좌조사를 통해 출처가 맞는지 알아본다는 것이었다. 이런 조회도 태극기 집회 참가자에게만 했다는 것이 문제였다.

숫자로 보면 촛불집회 참여자가 더 많았고, 집회의 방식을 보면 더 많은 돈을 사용했다는 것을 알 수 있다. 그들에 대한 조사는 없었다. 촛불집회 때 점심 김밥 값으로 지출된 돈이 6억이라는 말도 있었다. 그러나 문제되지 않았다.
태극기 집회의 자금줄을 조사하는 것 자체가 탄압이라는 소리가 나왔다.

(2) 우파 성금 차단 설(說)

계좌가 털린 시민들은 불안했다. 모임에 회비나 성금을 내는 것도 위축될 수밖에 없다. 금융거래를 조사 한다면 겁내지 않을 사람이 어디 있겠는가. 보수단체에 성금을 내는 것을 꺼리는 사람도 더러 있었다고 했다. 이것을 노렸는지 모른다.

유튜브 매체에 정기후원을 하는 사람들 가운데도, 계좌를 이용한 송금이 아닌, 현금으로 후원하겠다는 사람도 있었다고 한다. 또 다른 사람이름으로 후원하겠다는 사람도 많았다고 한다. 우파 회원들이 십시일반(+匙一飯) 모아 행사를 하는 것도 막으려 한다는 비난이 거세게 일었다.

문재인 대통령은 '기회는 평등하고, 과정은 공정하며, 결과는 정의롭다'고 수차례 말해왔다. 그러나 우파 시민들은 이 말을 믿지 못했다. 법 집행이 불공평하고 정의롭지도 못하다고 생각한다.

(3) 대안 매체, 유튜브의 폭발적 성장

이참에 우파 유튜브 등의 성장세에 대해서도 살펴보자.

보수 국민들은 언론의 왜곡현상이 뚜렷해지자, 믿고 볼만한 신문과 방송이 없다고 말한다. 태극기 집회에 나간 어르신들은 종이쪽지에 볼만한 유튜브 방송이름을 빼곡히 적어 서로 교환하기도 한다.

신생매체인 〈펜앤마이크〉는 이런 위기의식에서 출발했다. 보수 국민들이 크고 작은 돈을 투자해 만들어진 것이다. 한국경제신문 주필로 있던 정규재씨를 대표이사로 영입했다. 투자 설명회에는 수천 명이 모여들어 자리가 없어서 돌아간 사람이 많았을 정도였다. 언론사 가운데, 일반 주주 공모 금액으로는 최단 시일 내 가장 많은 금액을 모았을 것으로 판단된다. 그만큼 국민들은 바른 언론에 대해 갈망이 컸다.

펜앤마이크는 바로 신입기자를 뽑아 인터넷 종합매체로 출발했다. 유튜트를 통해 하루 10시간 안팎의 종합뉴스를 생방송으로 진행한다. 하루의 주요뉴스를 10꼭지로 압축해서 집중 보도하는 형식이다. 신생미디어라고 믿기지 않을 정도로 기사 조회 수 등이 급성장하고 있다. 또 〈정규재 TV〉의 구독자 수는 20만 명을 눈앞에 두고 있는데, 불과 1년 전과 비교하면 3배 이상 늘었다. 가히 폭발적이다.

또, 주로 정치와 국제관계에 대해, 날카로운 뉴스 해설을 하고 있다는 평가를 받고 있는 〈황장수의 뉴스브리핑〉도 우파 시민들이 즐겨 보고 있다. 1-2년 전에는 3-4만 명 이었던 회원수가 12만을 훨씬 넘어섰다. 급성장세를 이어가고 있다. 일주일에 한번 씩 오프라인에서 〈별별특강〉을 진행해 직접 뉴스소비자와 소통도 하고 있다.

또 변희재씨가 방송하는 미디어워치 〈변희재의 시사폭격〉도 우파 시민들에게 큰 인기를 얻고 있는 프로그램이다. 변희재씨는 직설화법으로 중요한 사건이지만 이슈화되지 않는 것들을 골라서 주로 다루고 있다. 미디어워치의 회원수는 7만여 명으로 주로 '충성도'가 높은 사람들이라고 하는데, 야당이나 우파 내의 문제점 등도 지적하고 있다.

또 좌파 언론들이 숨기고 있는 사실들을 발굴해서 정곡을 찌르는 뉴스해설을 한다는 평가를 받고있는 〈프리덤뉴스〉도 인기를 끌고 있다. 특히 프리덤뉴스는 태블릿PC가 상당부분 조작됐다는 것을 심층 취재 등을 통해 밝혀냈다는 평가도 아울러 받고 있다.

그 밖에 현장중계에 강한 〈선구자 방송〉은 논평과 함께 주요 시위 현장, 토론장, 기자회견 등을 직접중계해서 시청자들에게 전체 상황을 알게 해주는데 크게 기여하고 있다. 성남시민 〈김사랑씨 납치 감금사건〉도 선구자방송이 전체 스토리를 알 수 있게 중계 방송했다. 이와함께 〈뉴스타운〉〈조갑제TV〉〈이춘근의 국제정치〉〈이애란 TV〉〈청아대〉〈주옥순의 어머니 방송〉〈우종창기자의 거짓과 진실〉〈영우방송〉〈민심방송〉〈한성주장군 방송〉〈태극 FM 생방송〉〈신의한수〉〈올인코리아〉등 열거하기 힘들 정돌로 많다.

이들이 제도권 언론이 제대로 보도하지 않거나 왜곡 보도하는 것 등을 보다 상세하고 또 정확하게 보도하고 있다. 앞서 언급한 것처럼 특종보도도 많이 하고 있다. 우파 국민들 덕분으로 바야흐로 '유튜브 전성시대'를 맞이하고 있다. 그만큼 상대적으로 텔레비전과 신문시장이 위축되고 있다. 특히 MBC와 KBS의 주요뉴스 시청률 하락이 눈에

뛸정도이다. 제도권의 왜곡된 언론보도에 싫증난 국민들이 점차 유튜브로 옮겨오면서 지금은 〈유튜브의 황금시대〉를 맞이하고 있다고 해도 지나친 말이 아닐 것이다.

이들 유튜브 매체들은 제도권 언론과 달리 비교적 자유로운 조건에서 방송을 할 수 있다는 장점이 있다. '규제'가 적다는 말이다. 그만큼 확인 안 된 내용, 사실이 아닌 것을 이른바 '질러놓고 보자'는 식으로 방송할 수도 있다. 그럴 경우 유튜브 매체 전체의 신뢰성이 타격을 입는다. 때문에 더 정교하고 섬세한 사실 확인 작업이 필요하다고 하겠다.

7) 숨겨진 뉴스, '김사랑 납치감금사건'

문재인 정권 초, 지역사회를 들끓게 한 '김사랑씨 정신병원 감금사건'이 있다. 시인이기도 한 김사랑씨는 이재명 성남시장의 잘못된 업무처리를 일인시위를 통해 알리는 활동을 해왔다. 〈성남시 재래시장 상권 활성화 재단〉의 지원내역이 수상하다는 것이었다. 이재명 성남시장이 재단이사장으로 있는데, 국고 등을 지원받고 있는 재단이, 설립취지대로 영세 상인을 지원하지 않는다고 주장하고 나선 것이다. 이재명 시장은 그런 사실이 없다는 입장이다. 이런 가운데 이재

명시장측은 김사랑씨를 명예훼손 등의 혐의로 고소했다. 김사랑씨는 이에 굴하지 않고 시위활동을 계속했다.

2017년 11월 14일 김사랑씨는 대낮 길거리에서 경찰관들에게 납치돼 성남시의 한 정신병원에 감금되었다고 주장한다. 김씨는 감금되기 직전, 페이스 북에 "살려 달라"는 글을 남겼고, 이를 보고 가족들이 찾아나서 다음날 병원에서 김사랑씨를 구출했다는 것이다.

이 사건은 지자체장의 잘못을 지적해온 시민이 백주대낮에 납치돼 정신병원에 감금된 사건이어서 충격을 주었다. 김사랑씨는 정신병력도 없는데, 경찰이 납치해 병원에 감금했다고 주장하고 있다. 경찰이 나선 것도 이상하다. 경찰은 김사랑씨의 가족이 실종신고를 해서 김씨를 안전한 곳으로 데리고 갔다는 것 같다.

그러나 김사랑씨는 경찰의 이같은 조치에 강하게 항의하고 있다. 그리고 정신병원으로 데리고 간 것은 심각한 인권침해라는 것이다. 이 사건에 대해, 언론들은 조용하다. 성남지역 시민단체가 비난 성명을 발표하고 기자회견을 해도 별 움직임이 없다고 한다. 과거 이명박 정권시절 민간인 사찰의혹만 있어도 시끄러웠는데 사찰이 아니라, 김씨의 주장대로 납치 감금해도 조용히 넘어간다면 분명 이상한 나라이다.

납치였다면, 누가 납치를 지시했는지, 경찰은 김씨를 가족이 있는 집으로 데리고 가지 않고 왜 정신병원으로 데리고 갔는지 해명과 수사가 필요하다.

8) 태블릿PC는 "보도금지"

2016년 10월 24일 저녁, JTBC는 〈최순실의 국정개입사건〉의 결정적인 단서, 즉 스모킹 건(Smoking gun)이라며 태블릿 PC를 들고 나왔다. 그리고 그 속에서 박근혜 전 대통령이 독일 '드레스덴'에서 연설한 원고가 나왔고, 그 원고를 최순실씨가 수정했다고 보도했다. "통일은 대박이다"라는 바로 그 연설문이다. 이른바 〈최순실 태블릿PC 사건〉은 이렇게 시작되었다.

JTBC는 태블릿PC안에 있는 청와대 문건을 보여주면서 박근혜 전 대통령이 최순실씨에게 국정(國政)을 의논해왔다고 보도했다. 이 태블릿PC가 박근혜 전 대통령이 탄핵되고 구속되는 내내 '움직이지 않는 결정적인 증거'라고 특검은 주장했다.

(1) 3가지 의혹 – 입수과정, 저장물 진위, 소유주

최순실씨는 시종일관 그런 태블릿PC를 본 적 없다고 주장했다. 태블릿PC에 대한 의심이 나오기 시작했다. '태블릿PC 의혹'은 여러 차례 시민단체가 제기했기 때문에 여기서는 개략만 살펴보겠다.

태블릿PC 의혹의 핵심은 (1)입수과정 (2) 저장 내용물의 진위 (3) 소유주 등 3가지이다.

검찰은 처음에, 태블릿PC를 독일 최순실씨 집 쓰레기통에서 주웠다고 했다가 다시 말을 바꿔서 서울 고영태씨 사무실에서 습득했다고 밝혔다. 처음부터 의심스런 상황이 있었다. 그러나 언론들은 의심사항에 대해서는 큰 문제제기를 하지 않았다. JTBC가 보도한 내용만 기정사실화 하듯 보도했다. 즉 태블릿PC는 JTBC가 보도한 대로, JTBC 기자가 고영태의 빈 사무실 서랍 안에 있던 것을 습득했다는 것을 믿었다.

그러나 JTBC 기자보다 앞서 다른 언론사 기자들이 그 사무실을 찾았을 때는 없었다는 증언이 나왔다. 태블릿PC의 저장물도 외부에서 집어넣을 가능성도 제기됐다. 그러나 이런 것들은 그렇지 않다며 일축됐다. 이처럼 태블릿 PC는 처음 등장할 때부터 의혹이 많이 제기됐지만 그런 것을 보도하는 언론이 없었다. 당시 본격적인 '대통령 때리기'가 시작된 상황에서, 그 결정적 증거라고 주장하는 것을 의심하는 것은, 대세를 거스르는 '배신자'로 보였을지도 모른다. 당시 언론사 기자들이 태블릿PC를 의심하는 것은, 마치 해서는 안 될 일을 하는 것과 같은 분위기였다는 것이 필자의 판단이다.

이 태블릿PC를 기반으로 언론들은 이른바 〈최순실−박근혜 게이트〉에 대한 본격적인 보도를 이어갔다.

(2) '국정농단'의 첫 단추, 누가 부인하랴

검찰과 언론은 태블릿PC를 통해 최순실씨가 박근혜 대통령과 국정을 의논하는 관계임을 확실히 했다. 이 상황에서 고영태, 차은택, 장시호 등 최순실씨의 주변 인물들이 등장하면서 '부패 고리'가 형성됐다. 여기에 박근혜 대통령을 태블릿PC의 연설문으로 연결하면, 대통령을 정점으로 하는 '부패지형도'가 그려지는 것이 아닌가.

이후 이들의 부패상은 거의 5개월 가까이 방송과 신문을 통해 보도된다. 그것도 일방적이다. 왜곡, 편파, 선동적 내용도 많았다. 그 뒤라서 이런 보도에 견디어 내며, 그 누구라도 등장인물을 혐오하지 않을까. 나중에는 최순실, 박근혜라는 이름만 들어도 싫증날 정도였다. 의도했던, 그렇지 않았던 간에 언론에 나타난 '혐오프레임'이 작동한 것이다. 그 후 재벌을 등장시켜 '묵시적 청탁'이라는 애매한 말로 '뇌물구조'를 만들었다면 탄핵의 당위성은 확보되는 것 아니겠는가.

당시 언론에 비친 박근혜 대통령 모습은 부패 그 자체였다. 당연히 국민들은 강한 거부감을 갖게 되었을 것이다. 결국 이 프레임이 탄핵과 구속까지 이어진 것이라고 본다.

여기다가 어린 정유라의 출산과 대학 부정입학, 그녀의 독설(毒舌)에 가까운 말, 세월호 7시간 동안 대통령의 밀애설, 안면 수술 설, 굿설, 인신공양 설, 비아그라 보도가 이어졌다. 이쯤이면 대통령이 사람이 아니라 마치 '괴물'과 같이 비춰지지 않았을까. 이런 상황에서 현직 〈대통령의 누드화 패러디〉 전시도 당시는 별 거리낌 없이 국회에서 하게 된 것 아닌가.

그 후 최순실씨가 재벌로부터 돈을 지원받는 것은 어색하지 않아 보였을 것이고 '경제공동체'란 낯선 말로 미혼의 여자대통령에게 책임을 지우는 것도 자연스러운 귀결이 아니었을까. 검찰이 구형한 최순실과 박근혜 전 대통령의 벌금액수가 1185억 원으로 똑 같다는 것만 봐도 이들이 '경제 동일체'라는 것을 주장하려고 한 것 아니었나 싶다.

이런 점에서 보면 태블릿PC는 최순실-박근혜 '국정농단'이라는 담론의 첫 단추와 같아서 이것을 부정하면 모든 것이 다 어귀장이 난다. 따라서 검찰이나 언론 모두가 태블릿 PC에 대해 의혹과 문제가 드러나도 모두 입을 다문 것이 아닐까 싶다.

(3) 태블릿PC, 기자들의 '요술램프'

당시 기자들이 볼 때, 태블릿PC 만큼 훌륭한 취재원이 없었다. 누구도 의심하지 않는 상황, 의심했다가는 시대의 '반동'으로 몰릴 수 있는 상황이었던 점으로 보면 태블릿PC는 국정농단 '네러티브'의 요술램프와도 같았다는 생각이 든다. 무엇이든지 다 해결해주는 것 말이다. 즉 기사 내용을 의심하면, 태블릿PC가 결정적 증거라는데, 왜 딴소리냐' 하고 반문하면 됐지 않았을까.

우파들은 이 태블릿PC에 대한 문제제기가 다소 늦었다. 처음에는 태블릿PC를 매개로하는 '국정농단 뉴스'에 당황했다. 나중에 정신을 차렸더라도, 나이가 든 어르신 우파들은 컴퓨터에 익숙지 않았고, 또 이해하지 못하는 용어 등이 많았기 때문으로 보인다. 처음엔 태블릿PC라는 것이 무엇인지 모르는 사람도 많았다.

반면에 젊은 층들은 태블릿PC에 익숙했고, 각종 컴퓨터 용어에도 친숙했으니, 검찰 발표를 비교적 쉽게 이해하면서 신뢰했던 것 같다.

그래서 언론들은 '과학적이고 결정적인 증거'인 태블릿PC가 있는 한, 어지간한 혐의는 모두 증명될 것이라고 본 것 같다.

⑷ 태블릿PC의 반전– "검찰 발표가 틀렸다"

2017년 10월 8일, 과거 박근혜후보 대선 캠프에서 일했던 신혜원씨가 국회에서 자신이 태블릿PC의 실 소유자라고 밝혔다.

또 국립과학수사연구는 태블릿PC가 특정인의 것이라고 단정할 수 있는 증거가 없다는 조사결과를 발표했다. 말하자면 최순실씨 것이란 증거도 없다는 것이다. 또 태블릿PC는 JTBC보도와는 달리 '문서수정' 기능이 없는 것으로 나타났다.

이는 결국 드레스덴 연설문을 최순실씨가 수정했다는 것도 근거가 없다는 말이다. 이메일 계정도 김휘종 당시 청와대 행정관의 것이라는 것이 드러났다. 당초 검찰이 발표했던 내용 가운데 상당수가 틀리거나 잘못됐다는 이야기다.

그렇다면 국정농단의 '결정적 증거'에도 문제가 생겼고, 수사는 다시 시작해야 한다는 여론이 비등했다. 태블릿PC에 대 반전이 이뤄진 것이다. 그러나 언론들은 침묵했다.

우파 언론인 변희재씨와 〈프리덤뉴스〉 발행인으로 있는 김기수변호사가 꾸준히 문제제기를 하고 있다. 이 두 사람은 검찰의 조사내용과 법원의 판결 등을 종합적으로 분석해서 태블릿PC는 최순실씨의 것이 아니라 조작된 의혹이 많다는 것을 알리고 있다. 변희재씨는 그런 내용을 담은 〈손석희의 저주〉라는 책까지 출판해 태블릿PC의 문제점을 알리고 있고, 김기수변호사는 프리덤뉴스에서 이 내용을 수시로, 상세하게 알리고 있다. 그러나 제도권에 있는 언론들은 여전히 별 반응을 보이지 않고 있다. 그래서 장악된 언론은 무섭다는 말이 나온지도 모르겠다.

언젠가 〈태블릿PC 특별조사반〉 같은 조직이 만들어져서 이 문제를 명명백백하게 밝혀내리라고 믿는다.

9) 개그(Gag)도 '투쟁'의 도구인가

주말에 방송되는 KBS2 TV의 개그콘서트는 젊은이들이 즐겨보는 프로그램이다. 촌철살인(寸鐵殺人)의 해학과 풍자가 재미를 더하기 때문이다. 문재인 정권 출범이후에는 이 개그프로그램도 정치적으로 이용하는 것 같다.

(1) 다음 중 가장 억울한 사람은?

2017년 7월 13일 개그콘서트의 〈퀴즈카페〉란 코너에 이런 질문이 등장한다.

"다음 중 가장 억울한 사람은?" 배경에는 4사람의 사진이 등장한다. (A)그저 자신을 사랑했을 뿐이라는 최씨(최순실), (B)그저 자연을 사랑했을 뿐이라는 이씨(이명박 전 대통령), (C)그저 핵(核)을 사랑했을 뿐이라는 김씨(김정은), (D)그리고 박근혜 전 대통령.

이 가운데 가장 억울한 사람을 골라 라는 것이다. 답안으로 제시된 인물들이 이상하다. 최순실과 이명박, 박근혜 전 대통령, 그리고 김정은이다. 생각해보시라. 당시 김정은은 핵 실험으로 국제 평화를 위협하는 전쟁 광(狂)에다 이복(異腹)형과 고모부 등을 살해한 살인마(殺人魔) 소리를 들었다. 이 인물을 전직 대통령과 대비시켰다. 동일 선상에 두었던 것이다. 이것은 개그가 아니라 〈보수대통령 혐오콘서트〉 같았다. 두 전직 보수 대통령을 김정은 수준으로 미워하게 만드는 것 말이다.

관객들은 웃을지 모르지만, 안방에서 보고 있던 우파 국민들은 분통이 터지는 상황일 수 있다. 개그의 소재로 정치인을 등장시킬 때는 대통령 등 현재 '살아있는 권력'이 대상이 된다. 권력에 대한 견제도 하면서 웃음의 소재도 만들기 때문이다. 그런데 〈KBS 개그콘서트〉는 이미 감옥에 가있거나 퇴임한 대통령을 소재로 했다. '죽은 권력'을 다시 죽이는 것 같아 보였다. 아주 비겁한 짓이라는 비난도 일었다.

(2) 다음 중 가장 싫은 대통령은?

이 뿐이 아니었다. 같은 프로그램에서 2017년 10월 8일, 개그맨 유준상씨에게 " 다음 중 가장 싫은 대통령은?"이라는 질문을 했다. 답변의 예로 내세운 대통령은 (A)이명박 전 대통령, (B)박근혜 전 대통령, (C)전두환 전 대통령이다. 모두 대형 사진을 무대에 설치하고 그 아래 이름을 붙였다.

왜 보수 대통령 만으로 내 세웠나. 김대중, 노무현 전 대통령은 대한민국의 전직 대통령이 아니란 말인가. 위에 열거한 세 사람의 대통령은 미워해야 할 대상인가. 개그를 노골적으로 정파적 투쟁 수단으로 삼았다.

그 어떤 프로그램도 제작자의 것이 아니라 시청자의 것이다. 당연히 시청자 입장에서 만들어야 한다. 그런데 제작자가 자신의 정치적 신념이나 이념 따라 프로그램을 만들려면, 개인 방송국을 차려서 하면 된다. 국민의 수신료를 받는 공영방송 KBS는 이런 방송을 하면 안 된다. 좌파든, 우파든 모든 국민이 동일하게 2500원의 수신료를 낸다. 좌파 국민만 수신료 내는 것이 아니다.

KBS의 기자와 PD의 80-90%가 민주노총 산하 언론노조 소속이다. 가만히 놔두면 자연스럽게 이런 프로그램이 만들어진다고 본다.
이 프로그램이 만들어 질 당시 KBS 사장과 이사들은 교체되기 전이
었다. 박근혜전 대통령이 임명한 사장이었던 것이다. 그럼에도 이런
방송을 한 것이다. 대부분이 언론노조 소속이다보니 사장이 바뀌지
않아도 내부적으로 특정 노조에 장악됐다는 말이 나왔다. 권력이나
자본에 의한 장악보다 특정 정파나 이념 성향의 노조가 조직 내부를
장악하면 훨씬 더 심각한 것이 아니겠는가. 지금은 사장이 바뀌었으
니 더 할 말 나위기 있겠는가.

10) "3.1 절 국민행사는 없고 폭행만 있었다"

2018년 3월 1일, 서울시내 광화문 일대에는 150만 인파가 몰렸
다.

3.1절 99돌을 기념하고 문재인 정권의 실정(失政)을 규탄하기 위한
집회가 열렸다. 태극기와 성조기가 거대한 물결을 이뤘다. 어린이를
데리고 나온 30대 부부들, 손잡고 나온 연인들, 남녀노소가릴 것 없
이 인산인해를 이루었다.

광화문 지하철역에서 지상으로 한때 사람들이 한때 빠져나오지
못했다. 지하철 입구 아래에 한꺼번에 많은 사람들이 몰려나오지 못
한 것이다.

(1) "문재인 물러가라"

오전 11시, 기독교 단체의 예배를 필두로 거대한 집회가 시작되었다. 기독교인들은 이 나라가 사회주의, 공산주의로 가지 않게 해 달라고 간절하게 기도했다. 그동안 기독교계가 나라를 위해 기도하지 않았던 것도 회개했다.

우파 단체들은 문재인 정권의 굴욕적인 종북(從北) 행보를 강력하게 규탄했다. 우파 인사들을 적폐청산이라는 이름으로 줄줄이 구속하는 이른바 '공포통치'도 강력하게 비판했다. 사회주의 식으로 헌법을 바꾸려는 시도는 용납하지 않겠다고 말했다.

문재인대통령의 탄핵은 물론, 당장 퇴진을 촉구하는 목소리가 많았다. 그동안 쌓여있던 억압과 탄압에 대한 울분, 북한 친화적인 정부에 대한 불신 등이 겹쳐 터져 나온 것이다.

집회를 마치고 일부는 청와대 입구까지 행진을 벌이다가 밤늦게 자진해산했다. 또 일부는 광화문 광장에 수년째 설치돼있는 세월호 사고를 상징하는 조형물을 부수고 불태워버렸다. 시민들은 환호했다. 세월호 사고를 수년 동안 좌파 결집의 상징으로 이용한다며 맹비난했다.

경찰은 '세월호 조형물 방화 사건'을 수사한다고 발표했다. 그러면서 집회 참가자의 행진도 당초 신고한 코스를 벗어났다며 이 부분에 대한 조사도 한다고 밝혔다. 그러자 시민들은 불법으로 설치됐던 세월호 조형물을 그 동안 눈감아 주고 있다가 이를 철거한 사람들만 수사한다며 반발했다.

우파가 하는 일은 실눈을 뜨고 감시하고, 좌파 활동은 너그럽게 봐주는 공권력이라며 더욱 분개했다.

(2) 언론 "세월호 조형물 방화" 만 보도

그러나 3.1절 집회는 그들만의 집회가 되었다. 거의 보도되지 않았기 때문이다. 3.1절 당일 〈네이버〉와 〈다음〉등 포털에는 광화문 집회 관련 기사가 거의 없었다. 일부러 검색해도 행사 기사는 안보였고, "태극기 집회 참가자 폭력사태, 세월호 조형물 불태우고 난동" 같은 기사만 노출되었다.

방송사와 신문사 기자들이 대거 현장에 나왔지만 행사는 보도하지 않았고, 방화소식 위주로 보도했다.

공영방송 MBC는 그날 저녁 8시〈뉴스데스크〉에 광화문 집회를 단 한 줄도 다루지 않았다. 대신 그 다음날 뉴스에서 '방화사건' 중심으로 뉴스를 다뤘다. 〈KBS뉴스9〉은 뉴스 말미에 "광화문 등 곳곳에도 3.1절 기념집회가 열렸다"라는 식의 짧은 문장을 보도했다. 보수 매체라고 불리는 종편 방송도 '박근혜지지자들의 모임'이라고 규정했다.

신문도 마찬가지였다. 보수 신문 일부가 광화문 집회를 짧게 보도하는 정도였다. 대신 문재인 대통령이 참석한 3.1절 기념행사는 1면 톱으로 대대적으로 보도했다.

보수단체 회원들은 분개했다. 촛불은 조금만 모이더라도 '축제' 분위기라며 치켜세우고 참여인원도 부풀려 보도하더니 우파는 의도적으로 무시했다는 것이다. 언론이 문재인 정권에게 불리한 것은 왜곡하고 축소한다며 더욱 강하게 규탄했다.

3.1절 행사는 보수단체 뿐 아니라 국민들에게, 언론이 정권에 장악되면 어떻게 되는지를 생생하게 보여준 것이 사례였다. 그래서 언론에 대한 불신이 더 심해졌다.

11) '남북. 미북' 대화 실체는 무엇인가

3월 5일 대북 특사단이 평양을 방문했다. 북한 핵문제를 해결하기 위해 정의용 국가안보실장 등 한국 측 인사 4명이 평양에서 김정은과 만찬회동을 했다. 다음날 이들은 서울로 돌아왔다. 비핵화를 위해 남북정상회담과 미북대화를 발표했다. 언론들은 대서특필했다. 북한 핵문제가 해결될 것이라는 기대가 고조되었다.

(1) 북한 비핵화는 "북미 평화협정 체결"

김정은과 한국 측 대표가 합의해온 내용은 모두 6개 항이다. ▶남북 정상회담 ▶체제 안정 보장되면 북한 비핵화 ▶대화 기간 중 핵·미사일 시험 중단 ▶ 북·미 대화추진 등 6개 항목이다. 그러면서 남북 정상회담은 4월말 경에 판문점에서 열린다고 밝혔다. 북한 핵문제를 협의하고 남북관계 개선을 위한 주요 내용들이 다 들어있다. 청와대는 김정은이 솔직하고 대담하게 북한 핵문제 해결에 필요한 조치를 취했다고 밝혔다. 그리고 김정은이 "한반도 비핵화는 선대(先代)부터 내려오는 유훈"(遺訓)이라고 밝히며 비핵화 의지를 비쳤다는 것이다. 이런 내용을 전하면서 한국 언론은 역사적인 남북정상회담이 될 것이라고 전망했다. 북한 매체도 "상상을 초월할 일도 이뤄낼 것"이라고 보도했다고 대표단이 전했다. 남북 정상회담과 북한 비핵화에 대한 기대가 잔뜩 부풀어 올랐다.

여기서 북한이 말하는 비핵화라는 말의 의미를 잘 살펴야한다. 북한은 '조선반도 비핵화', 또는 '조선반도 핵무기 자유지대'라는 용어를 사용해왔다. 이 말은 한반도 전체에 핵이 없어야 한다는 것이다.

2018년 3월 7일 〈MBC뉴스 데스크〉에서 〈"비핵화는 선대의 유훈", 북한이 말하는 비핵화는?〉 이라는 제목으로 뉴스를 방송했다.

"남북한 전역에 핵무기가 없어야 하는 것은 물론 미국은 북한을 향해 핵을 사용하지 않겠다고 약속해야 하고 이를 담보하기 위해 북미 평화협정을 맺어야한다는 겁니다"라고 보도했다. 북한의 비핵화가 '북미평화 협정체결'로 귀결된다는 것이다. 미국과 북한이 평화협정을 체결한다면, 주한미군과 한미군사동맹이 유지될 수 없다는 것은 다 아는 사실이다. 결국 비핵화가 미국과 북한의 관계 정상화로 이어져야 한다는 것이다.

요약하면 북한이 말하는 비핵화는 결국 ▶한미군사동맹 폐기 ▶주한미군 철수 등이다. 이것은 과거부터 북한이 줄기차게 주장해왔던 것이다. 남북한 정상회담이 이런 것을 위한 것이라면 미국은 받을 것인가. 또 한국의 운명은 어찌될 것인가. 그 내용을 자세히 살펴보면 여간 불안한 뉴스가 아닐 수 없다.

(2) 미−북 정상회담, 어찌 될 것인가

정의용 국가안보실장이 3월 9일 미국의 트럼프 대통령을 만났다. 북한과 합의한 내용들을 설명했다. 김정은이 트럼프 대통령과의 회담 희망을 전하자 트럼프 대통령은 즉석에서 정상회담을 5월 말에 하겠다고 밝혔다는 것이다. 세계 언론들은 '파격'이라며 보도했다. 북한 핵문제 해결에 대한 기대가 고조됐다. 회담 장소는 판문점이나 중국,

스위스 등을 거론하기도 했다.

미국과 북한의 정상회담이 발표된 다음날인 3월 10일, 샌더서 백악관 대변인은 다소 이상한 발언을 했다. '김정은의 비핵화 언급이 진지한 것이었느냐'는 질문을 받고 이런 말을 했다. "트럼프 대통령은 북한이 구체적인 조치나 행동을 하지 않을 경우 만나지 않을 것이다."

("This meeting will not take place until concrete actions that match the promises that have been made by the North Korea")

경우에 따라서는 북미 정상 회담이 무산될 수 있다는 의미로 받아들여졌다.

이후 백악관은 "핵 실험 중단 약속을 확인하는 차원이었으며, 정상회담은 유효하다"는 보도가 나왔다.

주목할 부분은 미국과 북한의 정상회담을 당사국이 아닌 한국 특사가 발표한 점이다. 상황을 분석하면, 미국은 한국 특사가 갖고 온 안(案)에 대해서 반신반의(半信半疑) 하면서, 여전히 김정은을 믿지 못하고 있는 것 같다. "한국이 북한 핵 문제를 해결할 수 있다고 희망을 갖고 있고, 또 미국과 북한의 정상회담을 강권(强勸)하고 있으니 만나는 보겠지만 큰 기대는 하지 않는다" 라는 의미도 읽을 수 있다. 그래서 행동으로 보이라고 말한 것으로 보인다. 그리고 북한이 비핵화를 실천하지 않으면 미국은 언제든지 회담은 없는 것으로 간주하겠다는 것으로 보인다.

따라서 한국 언론의 호들갑과는 달리, 미국의 태도는 단호하다는 것을 보여주는 것이다.

그후 트럼프 대통령은 대화파인 틸러슨 국무장관을 전격 경질하고, 대북 강경파인 폼페이오 CIA국장을 새 국무장관 자리에 앉혔다. 곧 이어 백악관 국가안보담당 보좌관에 초강경파인 존 볼튼이 임명됐다. 트럼프는 한편으로 대화를 해보지만 과거처럼 북한이 또 속인다면 강력한 군사제재를 하겠다는 의지를 천명한 것이다.

(3) 미-북 평화협정, '누구를 위하여 종을 울릴까'

미국은 미 북 평화협정체결을 어떻게 바라볼까. 이전에도 북한은 이같은 주장을 계속해왔고 우리정부가 반대했던 것이다. 통미봉남(通美封南) 전략인 것이다. 그런데 지금은 한국정부가 적극적이지 않은가. 한국 특사와 김정은 간에 6개항 합의는 그 전에 문재인 정권이 물밑에서 합의 한 것으로 보인다.

즉 미국과 북한이 평화협정을 체결하기로 한국과 북한이 의견일치를 본 것으로 판단된다. 그렇지 않으면 이런 제안이 그렇게 쉽게 나오지 않을 것이다. 또한 문재인 정권의 친북행보 등을 보면 그렇게 추정해 볼 수 있다. 이런 점에서 한국과 북한은 사실상 같은 편에서 미국과 협상을 하는 것처럼 보인다.

그렇다면 미국은 어떨까. 북한과 평화협정을 체결하게 되면 오랜 동맹이 사라지고, 자칫 그 동맹이 적성국가의 울타리 안에 편입 될 수 있는 상황이다. 그냥 쳐다보고 있을까. 미국은 철저하게 자국의 이해관계에 따라 움직일 것으로 보인다. 한국과 동맹관계를 파기하고, 주한미군을 철수하는 것이 미국의 이익에 부합될까. 이 판단에 따라 미국이 행동할 것이다.

이런 점에서 본다면, 미국이 북한과의 정상회담을 한국특사가 발표하게 한 점, 발표 하루 만에, 백악관 대변인이 "북한이 행동으로 비핵화를 보여주지 않으면 정상회담은 열리지 않을 것"이라고 경고한 점 등은 미국의 전략적 계산이 깔려있다고 보아진다. 그래서 상황에 따라 미국은 언제든지 판을 깰 수도, 또 판을 벌일 수도 있다는 것이다. 그럴 힘이 있는 나라이다.

게다가 북한 김정은이 전격적으로 중국을 방문해 시진핑 주석과 회담을 한 것도 북한의 이런 우려가 반영된 것으로 보인다. 북한이 미국과의 대화가 자신들의 의도대로 되지 않을 경우 중국을 끌어들여 안전판을 만들려는 것으로 보인다. 그러나 이것 역시 미국의 강경한 태도에 큰 변화를 주지 못할 것 같다. 이런 상황을 거치면서 언론 들이 처음에 문재인 대통령이 김정은과 함께 노벨상을 받을 것이라는 등 온갖 무지개 빛 보도를 하다가 미국의 강경대처에 쏙 들어가 버렸다. 그리고 김정은이 중국에서 받은 '황제'대접은 문재인 대통령의 '혼밥 홀대'와 대조를 이루지만, 이를 상세히 보도하거나 중국 측 태도를 비판하는 보도가 거의 없는 것도 특징이다.

(4) 지도자 '말씀' 받아 적는 특사들

대북 특사단의 활동에 대해 몇 가지 언급할 것이 있다. 그들의 태도이다. 공개된 사진을 보면, 김정은이 말하는 것을 특사 4명이 모두 받아 적는 모습이 나온다. 34 살의 독재자가 일방적으로 지시하는 듯한 모습이다.

특사는 대통령의 특별한 사명을 띠고 간 사람들이다. 그렇다면 당당하게 행동해야 한다. 왜 문재인 정권은 북한에 대해서 이다지 저자세일까. 한국의 우파들에 대해서는 적폐청산 한다며 줄줄이 구속하면서도, 북한에 대해서는 그저 공손할까. 핵무기로 위협하고 전쟁과 각종 도발로 그렇게 많은 사람을 죽였는데도 말이다.

그 뿐 아니라 또 김정은의 부인 리설주와 인사하는 사진도 보도됐다. 우리 측 인사가 깍듯이 절하는 모습도 예사롭지 않다. 분명히 저들은 아직 적이다. 우리의 생명과 재산을 노리는 적 말이다. 그런데도 적 앞에서 저리 저 자세를 보인다면 국민들은 불안해 할 수 있다.

이러려고 국정원을 무력화시켰던가, 이러려고 북한 김정은이 싫어하는 우파들을 구속하는 것인가. 국민들은 이래저래 불안해서 잠을 이루지 못한다.

　힘이 있을 때 평화가 지켜지는 것이지 대화한다고 평화가 지켜지는 것이 아니라는 것, 역사가 증명하고 있다.

제3장 | 언론노조를 말한다

1) 언론노조의 정치색

2017년 5월 9일 문재인대통령의 당선이 확정되고 나자 방송국은 술렁대기 시작했다. 새 정권에 대한 기대감이 넘쳤다. 당시 언론노조KBS본부장(위원장)인 성재호와 언론노조MBC본부장인 김연국은 대선 결과가 나온 날인 5월 10일, 좌파성향의 매체 〈뉴스타파〉에 출연했다.

(1) KBS 언론노조 위원장, "사실보다 정의보도가 중요"

두 노조위원장은 '대선 승리'와 앞으로 '방송 정상화'에 대해 대담을 나눴다. 이 자리에서 언론노조 KBS본부장인 성재호는 이런 식으로 말했다.

"한 가지 아쉬운 것은 홍준표 후보를 (대선 전에) 낙마시키지 못한 점이다. 도덕성 등에 대한 결점에 있어서, 보다 일찍 언론이 앞장서서 검증했더라면 홍준표 후보는 선거에 나오지 못했을 것이다. (낙마시키지 못한 점이) 아쉽다."

그리고 또 "한국에 JTBC와 같은 방송국이 몇 개만 더 있었더라면 홍준표의 낙마는 물론, 박근혜가 대통령에 당선될 수 있었겠느냐" 라는 식으로 말했다.

특정 후보와 진영을 편드는 말이 아닌가. 언론의 중립이니 객관이니 하는 것은 찾아볼 수 없다.

2017년 11월 10일 국회에서 열린 KBS 국정감사에서, 사실보도에 대해 어떻게 생각하느냐의 국회의원의 질의에 대해 성재호 위원장은 이런 요지로 말했다.

"사실 보도가 중요하다고 생각하지 않는다. 이미 언론학자 들이 단순한 사실 보도의 문제점을 지적한 바 있다. (사실보도 보다) 정의(正義)

보도가 더 중요하다고 생각 한다"

정의로운 보도를 위한 것이라면 사실과 다른 보도를 해도 괜찮다는 것으로도 들린다. 노조위원장의 발언을 통해 민주노총산하 언론노조가 어떤 언론관(觀)을 가지는지 엿볼 수 있는 대목이었다.

(2) '정의'라는 이름의 왜곡

여기서 잠깐 정의보도에 대해 살펴본다. 흔히 좌파성향 언론들은 사실보도, 객관보도 보다는 진실보도, 정의보도가 중요하다고 강조한다. 그러나 이는 왜곡을 정당화하기 위해 만들어 낸 말일 뿐이라고 생각한다. 특정 '사실'을 전달하는 것만으로는 자신이 바라는 가치를 실현하기 어렵기 때문에 특정 '이념'을 강화하려는 것으로 들린다.

그러나 뉴스의 핵심가치는 사실보도이다. 이를 위해 중립성, 객관성, 공정성 등이 강조되고 있다. 기자는 '사실'(Message)을 '전달하는 사람'(Messenger)이다. 그런데 요즘은 기자는 '사실을 전달하는 사람'이 아니라 '전달하려는 사실'(Message) 그 자체가 되려고 한다. 관찰한 대로 '전달'하려는 것이 아니라 '전달하고 싶은 대로 관찰'하는 것이다.

마치 '그것이 알고 싶다'가 아니라 '그렇게 알고 싶다'라고 말하는 것 같다.

이런 것은 객관적일 수 없다. 그러다 보니 기자가 특정한 상황에서 궁극적으로 '행위자로서의 역할'을 하려는 것이다. 이는 언론인이 아니라 운동가 혹은 정치인이 되는 것과 비슷하다.

KBS 내부 게시판 댓글에 "KBS 기자는 월급쟁이가 아니다. 세상을 바꾸는 사명을 가진 사람이다"라는 요지의 글을 본 적이 있다. 정의를 내세워 사실을 특정방향으로 왜곡해서 해석하고 전달할 가능성이 매우 많다. 이런 태도를 가진 언론인은 언론인이 아니라 혁명가, 내지는 운동가이다. 그는 펜과 마이크를 내려놓아야 한다.

다음은 언론노조를 알기 전에 먼저 그 상위단체인 민주노총을 간략하게 살펴보겠다.

(3) 민주노총, 16개 가맹조직 조합원 73만 명

민주노총은 지난 1995년에 설립됐다. 산하에 모두 16개 가맹 조직이 있고, 조합원 수는 73만 여 명이다. 홈페이지에 있는 내용이다.
잘 알다시피 민주노총은 대표적인 강성(强性) 이미지를 갖고 있다. 민주노총은 한국 사회에서 노동 현장보다 정치, 사회적 갈등 현장에 더 많이 있었다고 할 수 있다. 그만큼 우리 사회 갈등의 주체였다는 이야기다. 민주노총산하에 산별노조로 금속노조, 언론노조, 전교조 등이 핵심을 이루고, 이들 가운데 특히 언론노조와 전교조 등이 이념과 정치성향이 강한 것으로 평가받고 있다.

　　민주노총과 한국노총은 한국의 노동정책 등에도 많은 영향력을 행사하고 있다. 특히 국민연금과 최저임금 결정 등에는 노동단체대표로 참여하고 있다. 이들 두 노총은 전체 노동자 1900여 만 명 가운데 140만 명으로 8%정도다. 하지만 노동계를 좌지우지한다. 나머지 90%가 넘는 근로자들은 자신들을 대변해줄 노동단체가 없기 때문에 노동정책 등에서 소외되고 있는 것 또한 현실이다. 그래서 양대 노총을 일컬어 '강성귀족 노조'라고 말하기도 한다.
　　정부가 매번 노동개혁을 한다고 하지만 양대 노총의 힘에 부딪혀 결국은 아무것도 하지 못하는 경우가 많다. 게다가 민주노총은 지난 촛불집회를 주도한 단체 가운데 하나였다. 문재인 정권에서 강한 영향력을 행사한다고 볼 수 있다.

(4) 민주노총 기본과제, "노동자 정치 세력화"

　　민주노총을 이해하려면 그 강령[1] 등을 살펴봐야 한다. 민주노총은 20개의 '기본과제'가 있다. 그 가운데 3에서 5까지의 과제를 살펴보자,

---

1) http://www.nodong.org/

3. 우리는 노동자의 정치세력화를 실현하고 제 민주세력과의 연대를 강화한다.

4. 우리는 언론, 출판, 집회, 결사, 시위, 사상의 자유 등 민주적 제 권리를 쟁취한다.

5. 우리는 민족의 자주성을 확립하고 분단된 조국의 평화적 통일을 실현한다.

위 내용은 노동자 단체라고 말하기보다 정치 단체적 성격이 강하다는 것을 알 수 있다. 물론 1, 2에서 노동자의 권리 등에 대한 언급이 있다. 그러나 노동자의 정치 세력화와 조국의 평화적 통일에 앞장선다는 것이 뚜렷하게 눈에 들어온다.

민주노총의 강령은 7개가 있다. 그 가운데 1,2번 강령은 다음과 같다.

1. 우리는 자주적이고 민주적인 노동조합운동의 역사와 전통을 계승하고, 인간의 존엄성과 평등을 보장하는 참된 민주사회를 건설한다.

2. 우리는 노동자의 정치세력화를 실현하고 제 민주세력과 연대를 강화하며, 민족의 자주성과 건강한 민족문화를 확립하고 민주적 제 권리를 쟁취하며 분단된 조국의 평화적 통일을 실현한다.

위에서도 노동자의 정치세력화와 민족 자주성, 민족문화, 그리고 조국의 평화적 통일 실현 등의 강령이 눈에 띈다. 노동과 함께 정치,

민족, 평등, 통일 등에 방점(傍點)을 두고 있다고 보아진다.

민주노총의 규약 가운데 제 4조인 〈목적과 사업〉에는 이렇게 명시돼 있다.

1) 노동자의 정치세력화와 제 민주 세력과 연대 강화
2) 민족 자주성의 확립, 민주적 제 권리 확보, 분단된 조국의 평화적 통일

민주노총의 이런 규약과 강령 등을 종합해보면, 왜 민주노총이 촛불집회를 주도했고, 정치 집회를 하나를 알 수 있다. 그들은 강령에서부터 정치 성향이 강하다. 그것이 그들의 존재 이유이고 목적으로 보인다. 때문에 민주노총을 단순한 '노동조합 단체'로 보았다면 잘못 알고 있는 것이다.

2) 언론노조의 실체

그렇다면 언론노동조합(이하 언론노조)은 어떤 단체인가. 언론노조는 언론사들의 노동조합이라는 의미의 '보통명사' 같지만 그 '언론노조'가 고유명사이다. 즉 명칭이 언론노조이다. 이름에 유의해야 한다. 많은 사람들은 언론노조라는 말을 언론사의 일반적인 노동조합을 통

칭할 때 사용하는 것으로 잘 못 알고 있다.

또한 복수노조 시대를 맞이하여 KBS와 MBC는 전체 근로자들 대상으로 하는 노동조합은 각각 3개가 있다. KBS의 경우 좌파성향의 〈언론노조 KBS본부〉, 우파 성향의 〈KBS 공영노조〉, 그리고 이념 색채가 다소 낮은 〈KBS노조〉 등 3개 단체가 있다. 조합원수는 언론노조가 2000여명으로 가장 많고, 다음은KBS 노조로 1700여명, 그리고 공영노조는 인원은 소수로, 옛날 간부를 역임했던 사람들이 주로 가입돼있다.

특히 공영방송 KBS와 MBC의 노동조합은 사측의 대칭개념으로, '힘이 약한 노동자들이 단체를 만들어 사측에 대항하는 노동조합이다' 라고 안다면, 이는 절반밖에 모르는 것이다. 이들 노조는 정치성향이 강해서 말은 노조이지지만, 주로 정치적인 활동을 한다는 것이 필자의 판단이다.

(1)언론노조의 강령[2], "노동자 정치 세력화"

언론노조는 1988년 '언론노련'으로 출발했고, 언론노조로 명칭을 바꾸어 단일 산별노조로 출발한 것은 2000년이다. 언론노조의 강령은 모두 5개가 있다. 4번과 5번을 주목할 필요가 있다. 내용을 보면,

---

2) http://media.nodong.org

4) 우리는 노동자 정치세력화를 기치로 비민주적 법·사회제도의 개혁과 인간의 존엄성 보장, 자유·평등 실현의 한길에 힘차게 나선다.

5) 우리는 전 세계 노동자가 모두 하나라는 인식 아래 국제연대운동을 실천하고, 전쟁을 반대하며 항구적 세계평화실현을 위해 노력한다.

위의 강령은 민주노총의 것과 비슷하다. 역시 '노동자의 정치세력화'를 강조하고 있다. 또 자유, 평등 가치의 실천과 개혁에도 관심이 많다. 특히 언론노조는 〈정치위원회〉를 두고 있다. 정치위원회의 목적과 사업을 보면 다음과 같다.

제2조(목적과 사업) 정치위원회는 조합의 강령과 규약, 정치방침에 따라 조합의 정치 활동 역량을 강화하고 민주노총과 제 민주단체 및 진보정치세력과 연대하여 노동자 민중의 정치세력화를 위하여 다음 각 호의 사업을 추진한다.

1. 노동자의 정치세력화 및 진보정당 활동 관련 교육선전

2. 노동자 정치활동 역량의 조직화

3. 정치방침 수립 및 정책개발

4. 각종 정치 행사 주관 및 참여 조직화

5. 각종 정치사업 관련 회의와 활동 참여

6. 정치위원회 조직화 및 회의 준비

7. 기타 정치 사업

언론노조강령은 노조가 아닌 정치단체 행동강령 같다. 언론노조
가 왜 특정 정파와 이념에 충실한가 하는 의문은 이 조항을 보면 알
수 있는 듯하다.

(2) 언론노조– 132개 언론사, 만 3천명 가입

언론노조에는 2016년 1월 기준으로 3개 본부, 100개 지부, 29개
분회가 있다. 즉 132개의 노동조합에 모두 1만 3천여 명이 가입돼있
다. 이는 대한민국에서 최대 언론사 노조 카르텔이다. 본부라는 것은
노조원이 1000명이 넘는 조합으로 KBS, MBC, SBS가 여기에 해당
한다. 지상파 3사가 언론노조에 가입돼있다. 또 지부는 30명이상
1000명 이하의 조합원을 가진 언론사로, 100 개가 된다. 분회는 조합
원수가 30 명이 넘지 않는 중소언론사 노조이다.

조선, 중앙, 동아일보 등 몇 개 언론사를 제외한 거의 대부분이 언
론노조에 소속돼있다. 그 영향력은 막강하다.
언론노조 수뇌부 지시가, 상명하달(上命下達)된다고 가정하면, 대한
민국 기자의 대부분에게 영향을 미친다고 볼 수 있다. 필자는 지난 박
근혜 전 대통령 탄핵이나 이에 앞서 노무현 전 대통령의 탄핵보도, 노
무현 전 대통령의 서거보도, 광우병파동, 세월호 보도 등이 직간접으
로 언론노조의 영향력 아래 있었다고 판단한다. 그렇지 않고서는 같

은 목소리의 내용이 일사불란하게 각 언론사에서 동시에 나오기 힘들다고 보기 때문이다.

3) 언론노조가 보도에 미치는 영향력

KBS와 MBC 등 공영방송 노조원들은 다른 직종보다 임금 등이 상대적으로 높은 편이다. 이들은 다른 노조와는 달리, 임금이나 근로조건 보다는 정치 현안에 관심이 더 많다. 기자 등은 주로 이런 정치현안을 주요 업무로 취급하고 있다.

(1) 언론노조, 선거 앞두고 파업 잦아

언론노조는 임금 인상 등을 요구하며 파업하는 경우는 거의 없다. 대부분 대선이나 총선 등 선거를 앞두고 파업 했다. 2012년 대선전에 파업 했고, 2017년에도 그랬다. 결국은 특정 후보나 정당에게 영향을 미쳤다. 또한 특정 사장을 반대하거나 내칠 경우에도 파업 했다. 따라서 언론사의 파업, 특히 방송사의 파업은 '정치파업'이라고 불렸다.

2012년에는 MBC가 6개월 가까이 파업했고, KBS도 3개월 정도 파업했다.

언론노조의 파업은 2017년 문재인 대통령 당선 이후 방송사별로 사장 퇴진을 주장하며 돌입했다. 결국 언론노조가 원하는 대로, 이사를 몰아냈고, 사장을 내쳤다. 또 언론노조가 원하는 대로 새 사장을 뽑았다. 이만큼 막강한 노조가 어디 있으랴. 언론노조가 박근혜 대통령 탄핵을 주도했기 때문에, 언론노조 요구는 문재인 정권이 다 들어준다는 소리도 나왔다.

(2) 노조가 관심 갖는 뉴스는 어떻게 유통되나

KBS와 MBC 두 방송사가 언론노조에서 차지하는 비중이 높기 때문에 이들이 파업할 경우, 다른 언론사도 영향을 받는다.

두 방송사가 파업하면, 다른 언론사의 노조 위원장들이 지지성명을 발표하거나 동조집회를 한다. 또한 이 두 방송사 노조가 주장하는 내용이나 보도 방향이 주요 의제가 되는 경우가 많다. 가령 MBC가 과거 '광우병 파동'에 대한 보도를 했을 경우, 다른 방송사들도 곧 이어 뉴스를 대대적으로 보도 했다. 이명박 전 대통령의 비리문제 즉 '다스'나 '국정원 특별활동비' 지원 등의 아이템도 파업을 먼저 풀었던 MBC가 주도하면 뒤이어 KBS도 보도를 늘려가는 것을 볼 수 있다.

방송사 간부들이 편성과 편집에서 협의하는 조직이나 기구 등은 없다. 반면 각 사별 기자들이 출입처 등에서 정보를 주고받는다. 이들이 언론노조라는 공통의 조직을 통해 소통하고 있고, 공동 파업을 하면서 연대해왔다면, 특별한 이슈에 대한 공동대응도 가능하리라 본다.

가령 2016년 박근혜 전 대통령의 탄핵관련 보도에서, 왜곡, 과장된 뉴스가 언론사와 상관없이 비슷하게 늘어났던 것도 한 예라고 볼 수 있겠다.

이와 반대로 노무현 전 대통령의 탄핵과 서거 등에서는 긍정적 프레임에 의한 뉴스가 많았다고 볼 수 있다. 이 두 뉴스는 당시 언론노조가 관심이 많았던 사안 가운데 하나였다.

(3) 16년 만에 다시 등장한 'KAL폭파사건 의혹'

그렇다면 특정 사안별 뉴스 사례를 들어보겠다. 1987년 북한 공작원인 김현희씨 등이 KAL 757기를 공중폭발 시킨 사건이 일어났다. 김씨는 체포되어 3년 뒤, 대법원에서 사형확정 판결을 받았다. 이때가 1990년이다. 그런데 노무현 정권 때인 2003년 11월 18일 MBC가 〈PD수첩〉을 통해 〈김현희의 진실〉이라는 프로그램을 방송했다. KAL기 폭파사건에 대한 의혹을 제기한 보도였다. 방송 내용은 사람이 청산가리를 먹으면 금방 사망하는데, 김현희씨는 체포 직후 청산가리를 먹고도 살아 있었다는 것이다. 그래서 사건 자체가 조작된 것은 아닌지 의심을 갖고 추적한 것이다. 김현희가 범인이 아닐 수도 있다는 것이었다.

여러 각도에서 의혹을 제기했지만, 사건이 조작됐다는 결정적 증거는 없었다.

또 열흘이 지난 2003년 11월 29일, SBS에서도, 〈그것이 알고 싶다〉에서 〈16년간의 의혹과 진실〉이라는 제목으로 KAL기 폭파사건 의혹을 방송했다. 이어 6개월 뒤인 2004년 5월 22일과 23일에는 〈KBS 일요스페셜〉이 〈KAL858의 진실〉이라는 제목으로 두 편을 이어 방송했다.

발생한 지 16년이 넘은 사건을 세 방송사가 비슷한 시기에, 비슷한 내용으로 방송한 것이다. 누군가의 지시가 있지 않았을까 하고 의심하는 것이 합리적이다. 당시 이 사건에 대한 재조사 여론이 있었다고 해도, 방송사가 거의 짜고 하는 것처럼 내용이 비슷했다. 권력에 의한 지시가 있었다고 해도 내부의 협조가 있어야 가능하다. 이런 점에서 방송사 구성원들 간, 의견교류나 합의가 있었지 않았을까 추정해볼 수 있다.

(4) 전체뉴스의 절반을 '광우병 파동' 보도

다른 사례를 살펴보겠다. 이명박 정권 출범 후 터져 나온 것이 광우병파동이다. 당시 〈MBC PD수첩〉이 관련 프로그램을 방송했다. 주저 앉아있는 소를 광우병이라고 인식하게 했지만 광우병 때문이 아니었다. 또 미국인 여성 〈아레사 빈슨〉이 인간 광우병으로 사망한 것으로 단정했지만 실제는 광우병으로 사망한 것이 아니었다. 결과론적이지만 방송내용이 허위이거나 잘못된 것들이 많았다. 이리하여 당시 광우병 파동은 큰 파장을 불러왔다. 광우병 파동으로 대규모 반정부, 반미시위가 벌어졌다. 촛불집회도 이어졌다.

광우병 소식은 당시 MBC 〈PD수첩〉만 보도한 것이 아니었다. KBS와 MBC, SBS 등 지상파 3사의 메인 뉴스도 비슷한 내용으로 많이 보도했다. 추측, 과장된 것들이 많았다.

2008년 6월 한 달 동안 지상파 3사의 광우병보도를 살펴보았다.[3] 〈KBS 뉴스 9〉 248 건 〈SBS뉴스 8〉 208건 〈MBC뉴스데스크〉 199 건 등의 순으로 나타났다.

〈KBS뉴스 9〉는 기자의 리포트 개수가 평일은 평균 27개 정도인데, 6월 3일 방송에서는 14개, 6월 4일은 15개 등 뉴스의 절반을 광

---

3) 좌파정권 10년 방송은 이런짓을 했다. 최도영.김가원공저. 서울. 비봉출판사. 355쪽

우병 소식으로 보도했다. 당시 광우병이 확정된 것이 아니라 의혹 수준이었던 점을 보면 뉴스의 선정적인 면이 강했다. 광우병 파동은 특정 매체가 아니라 지상파 모두가 요란스럽게 보도했다고 볼 수 있다.

특정 이슈를 놓고 각 방송사가 비슷한 프레임의 뉴스를 많이 생산하는 것은 사안에 따라 자연스런 현상일 수도 있다. 지진과 태풍, 화재사건 등 재해보도의 경우 사안의 중대성 등으로 뉴스가 늘어나는 것은 일반적인 현상이다.

그러나 광우병처럼, 당국이 사실이 아니라고 부인해도, 언론사가 비슷한 내용으로 동시다발적 의혹제기를 하는 것은 특별한 의도가 있는 것이 아닌가하고 의심할 수 있다.

내부 구성원들이 특정 이슈를 지나치게 키우거나 의도적으로 과장해서 보도할 수 있기 때문이다. 정권에 타격을 주기위한 것이라면 충분히 그렇게 할 수 있다고 본다. 실제로 타격을 주었다.

4) KBS의 좌편향 프로그램

KBS의 좌경화가 언제부터 시작되었는지 살펴보겠다. 원래 보수체제 안에서 발전을 해온 KBS는 지난 1980년 공사(公社)로 전환했다. 한국 현대 정치사(政治史)와 밀접한 관련성을 가져온 KBS는 이념성향을 따지자면 보수적 색채가 강했던 것으로 볼 수 있다. 그래서 KBS는 좌파진영 등으로부터 공격 대상이 되어왔다. 그만큼 영향력이 컸기 때문이기도 하다.

(1) 정연주사장 첫 인사 "사원 동지여러분"

KBS가 본격적인 좌편향 색채를 띤 것은 김대중, 노무현 정권 때부터였다. 특히 노무현 정권 때 KBS의 좌편향이 심했고 공정성 시비도 많았다.

노무현 정권 시절 KBS의 좌편향 실태를 살펴본다. 2003년 2월 25일 노무현 대통령이 취임한 뒤 정연주 당시 한겨레 신문 논설위원이 KBS사장에 선임됐다. 전형적인 낙하산이었다. 좌파성향의 직원들은 환영했고 우파들은 반대했다.

정연주 씨는 "5천 사원 동지 여러분..."이라는 말로 취임사를 시작했다. 큰 변화를 예고한 그의 취임사만큼 KBS는 획기적으로 바뀌었다. 차장, 부장, 주간, 국장 등 4 단계였던 직위체계를 없애고 팀장 하나로 통일하는 조직개편을 단행했다. 나머지 직원들은 모두 팀원이 되었다. 며칠 전까지 간부 했던 사람들이 마이크와 카메라를 들고 현장에 투입됐다. 가히 혁명적인 변화였다.

(2) 좌편향 프로그램 편성은 편파의 '제도화'

정연주 사장은 인적개혁 뿐 아니라 좌편향 프로그램을 대거 편성했다. 이명박 박근혜 정권시절에는 몇 몇 프로그램에 대한 공정성 시비가 있었지만, 노무현 정권 때는 아예 좌편향의 프로그램을 편성한 것이 특징이다. 프로그램이 편성되면 개편 때 없어지지 않는 한, 지속적으로 방송된다. 즉 한 두 차례의 편파적 보도가 아니라 연속적으로 편파방송을 할 수 있는 것이다. 말하자면 편파적인 프로그램의 제도화가 가능한 것이다.

여기서 당시 편파성 시비가 많았던 몇 프로그램들을 소개한다.

* 한국 사회를 말한다.

이 프로그램은 한국사회를 주로 이념적 잣대로 분석했다. 매 주 한 편씩 1년 넘게 방송 되었다. '국가보안법', '주한미군', '국세청', '검찰', '법무법인 김앤장', '삼성그룹' 등 다양한 기관과 기구 등을 파헤쳤다.

〈국가 보안법을 말한다〉 편에서는 주로 국가 보안법에 의해 피해를 본 사람들을 인터뷰 구성해서 국가보안법의 부정적인 면을 부각시켰다.

국가 보안법폐지의 정당성을 강조하기위해 어떤 '민변'(民辯) 변호사의 인터뷰를 담았는데 내용은 "북한이 대한민국을 공격할 의지도, 능력도 없기 때문에 국가보안법을 폐지해야 한다"는 논리를 폈다.

* 인물 현대사

이 프로그램은 한국 현대사에서 좌편향 이념 논란이 있던 사람들을 주로 다뤘다. 전태일, 함석헌, 윤이상, 문익환, 임수경 등의 인물들을 소개했다. 문성근씨가 초기 MC를 맡았던 이 프로그램은, 약 2년 동안 매주 한편씩 방송됐다. 조선일보는 2003년 6월 13일 이 프로그램과 관련한 사설에서, 'KBS는 국민들을 이념 교육시키고 있는 것인가' 라고 질타했다.

* 드라마 서울 1945

해방공간이었던 1945년 서울에서 벌어지는 남북한 남녀의 사랑과 공산혁명 등 정치를 다룬 드라마였다. 이승만과 김일성 등 남북한의 지도자들이 대거 등장했다. 북한의 김일성은 혁명 사업을 완수하는 등 비교적 긍정적으로 묘사한 부분이 많았고, 이승만에 대해서는 부정적으로 묘사하거나 왜곡된 부분이 많았다는 비판을 받았다. 당시, 이승만 대통령의 양아들인 이인수씨는 드라마 제작진을 명예훼손 등의 혐의로 고발하기도 했다. 이 드라마가 방송되는 기간 내내, 북한의 인공기와 김일성 등이 안방에 자연스럽게 노출되기도 했다.

* 드라마 사육신

이 드라마는 KBS가 북한에서 약 20억원을 주고 사와서 방송했다. 북한이 제작한 드라마를 남한에서 방송한 것이다.

북한 사투리 등 알아듣지 못하는 부분이 많아 자막으로 특정 대사를 풀이해서 설명하기도 했다. 북한에 퍼주기 위해 방송한다는 논란이 일었던 프로그램 가운데 하나였다.

* 평양노래자랑

KBS가 평양에서 진행한 노래자랑을 녹화해 방송했던 프로그램이다. 당시 갖고 갔던 중계차 등 고가의 장비를 '낡았다'는 이유로 북한에 두고 와서 역시 북한에 퍼주기 위한 방송을 했다는 비난이 일기도 했다.

* 미디어 포커스

노무현 정권이 강하게 밀어 붙였던 이른바 '언론개혁'을 방송으로 지원했다고 평가받았던 프로그램이다. 당시 조선, 중앙, 동아일보 등 이른바 우파매체를 주로 비판했다는 비난을 많이 받았다. 특히 신문사의 사설이나 기사를 분석해서 문제점 위주로 지적했다. 정권이 바뀐 뒤에 이 프로그램을 폐지하려고 하자, 제작진 등 내부 구성원의 반발이 심했다.

* 시사투나잇

KBS 2 TV를 통해 방송했던 뉴스로, 기자는 물론 주로 PD들이 주축이 돼서 만들었다. 당시 'PD 저널리즘'이라는 말이 유행했던 만큼, PD들의 뉴스 제작으로 화제가 되기도 했지만 편파성 시비도 많았다.

제4장 이명박 박근혜 정권에서의 방송장악

그렇다면 이명박과 박근혜 두 전직 대통령시절의 언론상황은 어떠했을까, 지금과 같은 언론장악, 방송탈취가 없었을까.

권력의 속성은 언론을 자신의 편으로 만들려한다. 그래야 가장 좋은 후원자 내지 홍보수단을 갖기 때문이다.

이런 점에서 이명박 박근혜 정권도 그 어느 정권 못지않게 언론을 자신들의 입맛에 맞게 '관리'하려했다는 정황이 많다.

1) 이명박 정권, "공영방송을 되찾아라"

2008년 2월 취임한 이명박 대통령은 3월 최시중 방송통신위원장 내정자를 보내 당시 정연주 KBS사장의 사퇴를 종용한 것으로 알려졌다. 정연주 사장은 당시 법정 임기가 2년 이상 남아있던 상황이었다. 노무현 정권에서 연임했기 때문에 자연히 이명박 정권과 임기가 겹치게 되어있었다.

정연주사장은 완강하게 거부했다. 이런 가운데 2008년 6월 5일, 국세청은 KBS에 대한 세무조사에 들어갔다. 정연주 사장을 쫓아내기 위한 압박이었다.

이어 6월 11일에는 감사원이 KBS에 감사에 들어갔다. 전 방위적인 압박에 들어간 것이다.

검찰은 6월 16일, 정연주 사장에 대한 소환통보를 했다. 감사원 조사결과 KBS가 수신료에 법인세를 부과해온 국세청과 2천여억 원대의 환급 소송을 벌여왔다. 그런데 KBS는 1심에서 이겼는데도 법원의 권고를 받아들여 556억 원을 환급받고 소송을 취하 했다. 따라서 소송을 취하했기 때문에 1800 여억 원을 KBS에 손해를 끼쳤다는 것이다. 이것도 정연주씨가 당시 KBS 사장 연임을 위해 그랬다며 공격했던 것이다. 업무상 배임죄를 걸었던 것이다.

8월 5일 감사원이 KBS 이사회에 정연주 사장에 대해 해임요구를 했고, 8월 8일 이사회가 해임 제청안을 가결했다. 그리고 3일 뒤에 이명박 대통령이 전격 해임했다. 그리고 정연주 사장은 2008년 8월 13일, 자택에서 체포됐다.

정연주 사장이 해임 되던 날 민주노총 산하 언론노조 KBS 본부의 전신인 '사원행동' 소속 직원들이 이사회 장으로 진입하는 등 거세게 반발했다. 이날 KBS에 사복 경찰이 투입돼 농성중인 직원들을 강제 해산시켰다.

이사들에 대한 사퇴압박도 병행했다. 이 당시 여야 구성은 역시 당시 여권추천이사가 적었고 야당 추천이사가 많았다. 야당추천이사들을 사퇴시켜 사장 해임 등을 결정하려고해도 이사 수가 모자랐다. 교수로 있는 이사는 대학교 재단을 압박했다. 재단에 이런저런 불이익을 준다고 권력이 압력을 행사하면 버티기 힘들 것이다. 이렇게 해서 당시 부산 동의대학교 교수로 있던 신태섭 이사가 학교 재단 측으로부터 해임 당했다. 2008년 6월 20일이다.

이렇게 KBS의 이사와 사장을 교체했던 것이다. MBC의 상황도 별반 다르지 않았다. 그 당시 국가기관을 총 동원해 방송을 장악했던 것이다. 그 흑(黑) 역사가 개선되지 않고 더 악화되고 있다. 그 수법이 더 교묘해 지면서 말이다.

2) MBC PD 수첩을 징계하라

이명박 정권에 가장 큰 타격을 준 방송이 MBC 〈PD 수첩〉이었다. 한미 FTA 등 협상에서 미국산 쇠고기 수입을 놓고 협상이 진행될 때, MBC PD 수첩은 미국산 소를 수입할 경우 '광우병'이 우려된다는 내용을 방송한 것이다.

2008년 4월 29일, 〈미국산 쇠고기 과연 광우병에서 안전한가〉 라는 프로그램이었다.

당시 파장은 컸다. 대대적인 시위와 촛불집회가 이어졌다. '광우병 파동'이 시작된 것이다.

당시 이명박 대통령은 시위대가 부르는 '아침이슬'이란 노래를 듣고 잠을 이루지 못해 청와대 뒷산에 올랐다고 말했을 정도이다.

5월 13일, 농식품부는 MBC PD수첩에 민형사상 소송 방침을 발표했다. 허위, 조작된 내용으로 국민들을 속였고 정부에도 많은 손해를 끼쳤다는 것이다.

검찰이 MBC PD 수첩 관련자에 대한 조사에 착수했다. 2008년 6월 27일의 일이다. 소환장을 발부해도 해당 PD들은 응하지 않았다. 검찰은 제작자들을 강제로 구인했다. PD 들이 출근하다가 체포되기도 했다. MBC에 대한 압수 수색영장을 제시하고 진입하려고 했지만 직원들이 나서서 막았다.

언론과 공권력의 충돌이었다. MBC를 포함한 다수의 언론사들이 언론자유를 탄압한다며 거세게 반발했다. 검찰은 이어 2008년 7월 3일, 촛불집회를 생방송 중계한 인터넷 매체 아프리카 대표를 구속하는 등 강경 대응으로 나아갔다.

이렇게 '광우병파동'은 결국은 대법원까지 갔고 해당 제작자들은 무죄로 풀려났다. 그러나 그들이 방송한 내용은 허위사실과 왜곡 등이 있다고 판결했다.

그럼에도 언론인을 인신구속 하는 등 처벌할 경우, 소중한 헌법적 가치인 언론자유가 위축될 소지가 있기 때문에, 해당 언론인에 대해서는 무죄를 선고했던 것이다.

보도 내용은 거짓과 허위가 있지만 보도한 언론인은 보호한다는 다소 모순되는 판결이었다. 이후 MBC는 제작자 등 관련자들을 징계 조치했다.

3) 180일 파업, 그리고 징계

MBC와 KBS노조는 2012년 긴 파업에 들어갔다. 역시 당시에도 이명박 정권에서 박근혜 정권으로 이동하는 시기, 즉 대선이 있었다. 대선을 전후로 방송사 노조는 파업을 했다. 물론 선거에 영향을 주기 위한 파업이었지만 사내 문제 등을 내세워 겉으로는 사장 퇴진 등을 요구한 것이다.

MBC는 2012년 1월 30일, 공정방송 회복과 김재철 사장 퇴진을 내세우며 총파업에 돌입했다. 사측은 또한 이용마 노조 홍보국장과 정영하 노조위원장, 강지웅 사무처장을 해고하고, 보직을 사퇴한 앵커에 대해서도 정직 처분을 내렸다.

이로부터 시작한 MBC의 파업은 무려 170일을 넘겼고 비슷한 시기에 파업에 들어간 KBS도 90여 일 동안 파업했다. 방송사가 6개월 가량 파업한다는 것은 유례가 드문 일이다. 그만큼 당시 언론노조는 치열하게 투쟁했다. 이명박 정권 하의 '방송장악'에서 벗어나기 위해서는 정권교체가 필수라고 보았던 것이다. 그러나 선거결과는 박근혜 후보의 당선, 다시 보수 정권이 들어선 것이다.

그리고 파업도 참패였다. 사측이 무노동 무임금으로 대응하자 파업 기간이 길수록 노조원들은 힘들었다. 생계가 어려웠던 것이다. 이후 노조원들이 파업 대열에서 속속 업무에 복귀한 것이다.

이어 사측은 대대적인 징계 조치 등을 한다. 그리고 2012년, 해고자와 징계자 등 모두 44명이 사측을 상대로 소송을 제기하는 상황이 벌어진다.

사측은 파업 기간에 경력직 기자와 PD를 뽑아서 방송인력 들을 채

워나갔다. 그 사람들이 나중에 문재인 정권으로 바뀌고 나서 대부분 방송현장에서 사라진다. 파업기간에 방송한 대가로 부당 인사와 보복 인사를 당했다고 현 야당인 자유한국당이 주장하고 있는 것이다.

배현진 전 앵커 등이 현재 최승호 사장체제에서 불이익을 받은 것도, 이 당시언론노조의 파업 도중에 복귀해 방송을 했기 때문이라는 것이다.

그러니까 현재 MBC가 불이익 주는 사람들은 과거 언론노조가 파업할 당시, 동참하지 않았기 때문이라고 당사자들은 주장한다.

그리고 과거 2012년에 징계를 받고 불이익을 받은 사람들은, 당시 오랜 기간 파업을 하는 등 해사(害社)행위를 했기 때문이라고 당시 사측 간부들은 주장하는 것이다. 2018년 MBC직원들이 받는 불이익과는 차원이 다르다는 것이다.

4) 보수정권은 방송을 얼마나 장악 했나

이명박 정권은 좌파정권 다음에 들어선 정부여서 언론여건이, 좌편향된 상황에서 출발했다고도 볼 수 있다. 그래서 공영방송 사장을 강제로 사퇴시키고 자기 사람으로 앉히는 등 이른바 방송장악을 했다고 본다.

(1) 정권은 우파, 방송사는 좌파

이명박 정권 출범 후 KBS와 MBC등 사장을 자기 사람으로 채웠더라도 그 내부 구성원들은 좌파성향의 언론인들이 주류였다. 좌파 정권 10년 동안 채용한 인력이 좌 편향적이거나 좌파 정책으로 인해 기존 직원들도 상당히 좌경화되어있었던 것들이다. 신입사원들은 대부분 좌파 성향을 뽑았을 것이고 또 KBS의 경우만 보더라도 상당수 진보성향의 매체에서 경력직 기자들을 채용했다. 이렇게 해서 전체적으로 좌파성향의 언론인들이 공영방송을 이미 장악하고 있었던 것이다. KBS의 경우만 해도 기자와 PD의 80% 정도가 좌파성향의 민주노총 산하 언론노조에 소속돼있었다고 추정된다.

따라서 이들은 가만히 둬도 '광우병 프로그램' 같은 것을 만들 가능성이 많은 것이다. 내부가 장악된 것이다

이런 상황에서 KBS의 경우 그동안 정연주 사장 체제에서 좌편향 프로그램이라고 비난받았던 것들을 삭제하거나 교체하는 작업을 했다. 이 과정에서 해당 제작자들은 극심한 반발을 하면서, '언론장악'이라고 주장했던 것이다. 이런 점에서 보면, 이명박 정권에서의 언론장악은 과거 좌파성향의 프로그램을 폐지하는 것을 지칭하는 경우가 많았다.

또 KBS는 1라디오를 통해 대통령의 주례 연설을 1주일에 한차례 했는데 이것을 놓고 정권의 홍보수단으로 삼는다는 강한 비판을 받았다. 이후 당시 야당 대표에게도 반론보도 차원에서 라디오 방송시간을 할애하기도 했다.

그 밖에 이명박 정권시절에는 4대강, 천안함사건 등 주요 현안 보도를 놓고 방송사 제작진들이 사측과 갈등하는 양상을 보였다. 즉 4대강에 대한 부정적인 보도를 하겠다고 나서는 구성원을 설득하거나 만류하는 과정에서 마찰이 생겼다. 이럴 때 마다 해당 제작진과 노조는 언론탄압이라고 반발했다.

(2) 언론에 포위당한 박근혜 정권

이후 박근혜 정권이 탄생하는 과정에 방송사는 심한 파업 후유증을 겪는다.

박근혜 정권은 이런 점에서 언론에 대해 통제라기보다 언론에 잘 보이려고 노력했다는 것이 필자의 판단이다.

이미 언론은 통제될 수 없는 영역에 있었는 데다, 박정권은 언론을 통제할 능력이나 힘도 없었던 것 같다. 그저 이명박 정권에서부터 해오던 정책들이 관성의 법칙대로 움직이는 정도였다.

박근혜 정권은 나름 원칙을 갖고 개성공단, 통진당해산, 국정교과서 문제 등을 굵직한 정책을 추진했다. 그러나 이런 것들은 언론의 강한 반대 내지 비판에 부딪히면서 가야했다. 욕을 많이 먹었다. 될 수 있으면 욕먹지 않으려했던 것이 박근혜 정권의 언론정책이었기 때문에 그만큼 힘들었다.

문재인 정권처럼 언론들이 우호적이거나 일방적으로 찬양하는 것은 없었다. '문비어천가'라는 말이 있어도 '박비어천가' 라는 말은 들어보지 못했다. 그리고 이때부터 본격적으로 인터넷 등에서 박근혜 대통령을 공격했다. '바뀐애', '닭그네' 등 여러 가지 별칭으로 대통령을 모욕하거나 조롱하고 나섰던 것이다.

대통령 당선 과정에서부터 불거진 국정원 댓글 사건으로 박근혜 정권은 힘이 많이 빠져있었다. 그리고 '세월호 사고'로 치명타를 입게 된다.

박근혜 정권이 언론을 통제하고 있었는지 아니면 언론에 읍소하고 부탁했는지는 세월호 사건 때, 홍보수석이었던 이정현 의원이 당시 KBS보도국장과의 통화를 보면 자세히 알 수 있다.

이 내용은 보도국장이 녹음했다가 후에 청와대의 보도개입이라며 밝힌 내용인데, 그 일부를 소개한다.[4]

---

4) http://blog.daum.net/taegeukh/8007470

홍보수석: "정부를 이렇게 짓밟아 가지고 되겠냐고요. 직접적인 원인이 아닌데도"

보도국장: "기본적으로 어떤 의도도 없는 거고요"

홍보수석: "극복을 하도록 해주십시다, 예? 직접적 원인도 아닌데 솔직히 말해서".

보도국장: "알겠습니다, 알겠습니다, 네."

홍보수석: "그게 그 저기 그거하고 그 다음에 아까 또 그 이원화는 뭐예요. 이원화는?"

보도국장: "그 선박관제센터 한쪽은 해수부 소속으로 돼 있고 한쪽은 해경 소속으로 돼 있다는 그 얘기죠."

홍보수석: "일이 터져서 이렇게 저렇게 하다보니까는 이렇게 됐지만은 다 그— 아휴 정말— 하여튼요. 조금 부탁합니다. 지금은 요 다 같이 극복을 해야 될 때구요. 얼마든지 앞으로 정부 조질 시간이 있으니까 그때 가서 이런 이런 문제 있으면 있다고 하더라도 지금은 좀 봐주세요. 나도 정말 정말 이렇게 아니 진짜 정말 저렇게 사력을 다해서 하고 있는데 진짜 이 회사를 이 회사 이놈들.."

이상에서 볼 수 있듯이, 청와대가 KBS를 장악했거나 통제하고 있는 상황이 아닌 것은 자명하다. 부탁하다 못해 빌고 있는 듯하다. 방송국이 일방적으로 해경을 나무라고 비판하는 보도를 하니까 좀 잘

봐달라는 것 아닌가. 어느 천지에 장악된 언론이 이렇게 갑(甲)의 위치에 있을 수 있는가. 아무리 세월호라는 특수한 상황이라고 해도, 평소 장악한 언론사라면 보도국장에게 이런 태도를 보이겠는가. 이 보도가 나올 당시, 경황이 없어 모든 국민들이 모두 비난하기 바빴지만 다시 세월호 관련 청와대 수석과 KBS보도국장의 녹취록을 찾아보시라, 누가 장악했단 말인가.

이렇듯이 박근혜 정권은 사실상 언론 장악은 커녕 좌 편향된 언론에 포위돼 있다가 최순실씨 사건이 터지자 이때다 싶은 언론들이 일제히 공격을 했고, 결국은 언론에 의해 탄핵됐다는 것이 필자의 판단이다.

제5장

박근혜 대통령 탄핵과 방송

박근혜 정권에 대한 언론의 적대적 태도는 이른바 〈최순실 박근혜 게이트〉 이전부터 시작되었다. 최순실 사건은 박근혜 대통령 탄핵의 본격적인 도화선이었고, 그 이전부터 '박근혜 때리기' 뉴스는 많이 나왔다. 이는 기본적으로 좌파성향의 언론이 보수 정권에 대한 거부감에서 출발한 것으로도 볼 수 있다.

특히 방송사 구성원들은 언론노조 소속 기자와 PD가 많았다. KBS의 경우 민주노총산하 언론노조에 기자와 PD의 80-90%가 여기에 가입돼있다.

이들은 좌파 정권에서 보수정권으로 바뀌자 정권의 우편향에 저항했고, 이는 KBS와 MBC 양대 언론노조가 보수정권시기에 긴 파업을 한 것에서도 알 수 있다.

이명박 정권에서는, '한미 FTA', '광우병파동', '4대강', '자원외교' 등처럼 주로정책에 반대하는 보도행태를 보였으나 박근혜 정권으로 넘어오자 '국정원 댓글'사건을 시작으로 '반(反) 박근혜 보도'가 본격화되기 시작했다. 이들이 반대한 것은 정권의 정책들 보다는, 보수정권 자체였다고 보여 진다.

1) 박근혜 정권 붕괴의 전조(前兆), 세월호 사건

박근혜 정권을 가장 많이 흔든 것은 '세월호사건' 이었다. 이 사건은 제주도로 수학여행을 떠났던 어린 학생들이 집단으로 희생됐다는 점에서 더 많은 안타까움과 분노를 자아냈다.

무리한 운항, 배가 감당할 수 있는 능력 이상의 과적, 위험한 배의 증개축, 사고 시 선장의 대처미흡, 해경의 실수 등 여러 가지가 겹쳐 일어난 인재(人災)였다. 304명의 안타까운 어린 생명들이 수장되는 것을 고스란히 중계방송으로 지켜볼 수밖에 없었던 국민들은 분노했다. 유족들의 슬픔과 분노가 집단적으로 나타났다.

이것이 처음에는 언론을 향했고, 해경 등 정부 부처로 가더니 나중에는 대통령을 겨냥했다. 언론에 대한 분노는 "단원고 학생 전원구조"라는 오보(誤報)가 촉발했다. 일말의 희망을 걸었던 유가족과 국민들은 언론의 무분별한 추측보도에 강한 불신과 분노를 쏟아냈다. 이때 등장한 용어가 기자와 쓰레기를 합성한 '기레기'였다. 사실 왜곡과 선정적 보도, 그리고 무엇보다 알맹이 없는 보도내용에 많이 실망했다. 사고현장이 모두 바다 속에 가라앉아버린 상황에서, 달리 취재할 현장이 많지 않기 때문에 추측성 보도가 많았다.

2) 세월호 사건으로 KBS사장 사퇴

기자가 현장에서 쫓겨나는 상황이 속출했다. 당시 KBS보도국장이 한 식사자리에서 "세월호로 희생된 사람 수(數)보다 한해 교통사고로 희생되는 사람이 더 많다"라는 뉘앙스의 발언이 알려졌다. 분노한 유가족들은 KBS를 항의 방문했다. KBS에서 보도국장의 사과를 받지 못한 유가족들은 청와대로 향했다. 거기서 KBS사장의 사과와 함께 보도국장을 해임하겠다는 약속을 받고 해산했다.

그러나 여기서 뜻밖의 일이 일어난다. KBS보도국장은 자신을 해직시키려는 사장에게 반발하면서 자신은 KBS 사장으로부터 부당한 보도간섭을 받았다고 폭로했다. 그러면서 회사를 그만둬야 할 사람은 자신이 아니라 KBS사장이라고 주장해 큰 파문을 일으켰다. 상황은 엉뚱한 방향을 향해 달려가고 있었다. 이때가 2014년 5월이었다.

이때부터 세월호 유가족들의 분노는 더 크게 표출되기에 이르렀다. KBS보도국장의 폭로성 발언으로 민주노총산하 언론노조 KBS본부를 비롯한 KBS내 노조들이 파업에 들어갔다. 청와대 지시를 받는 KBS사장의 사퇴를 요구한 것이다. 결국 KBS사장은 물러났다.

KBS사장이 사퇴하자, 노조는 자신들이 파업해서 얻어낸 승리라고 외쳤다. 그리고 KBS의 방향 선회를 요구했다. 이런 분위기에서 새롭게 뽑힌 사장은 여야추천 이사들로부터 골고루 지지를 받은 사람이었다. 말하자면 보수 진보 양쪽의 색채를 가졌던 인물이었다. 노동조합은 세월호 보도와 관련해 더 많은 정부 비판을 요구했다. 이후 〈세월호 7시간〉은 박근혜 정권의 무능을 상징하는 핵심 아이콘으로 작용하면서 본격적인 박근혜 때리기가 시작되었다.

3) 공천 내홍(內訌), 박 정권 붕괴 시작

박근혜 정권은 2015년 4.13 총선을 거치면서 치명상을 입었다.

공천 내란이 일어난 것이다. 집권여당 안에서의 권력다툼은, 그렇지 않아도 비판적인 시각을 갖고 있던 국민들에게, 박근혜 정권 '혐오증'을 가중시켰다. 유승민 의원의 공체배제에서 보여준 혼란과 우유부단(優柔不斷) 함, 김무성 대표의 당무거부와 '부산행 파동' 등은 집권당이 맞나 싶을 정도의 지도력 부재 현상을 보여줬다.

총선결과는 새누리당의 참패였다. 그리고 '국정교과서 파문' 등 곳곳에서 균열과 파열음이 이어지면서 정국은 힘없이 고비를 향해 치닫고 있었다. 이미 민심은 새누리당과 박근혜 대통령에게서 멀어지고 있었다.

2016년 9월 17일, 한겨레 신문의 〈최순실 배후설〉 특종 보도로 상황은 급박하게 돌아갔다. 이른바 〈최순실 게이트〉의 문이 활짝 열린 것이다. 박근혜대통령 주변 최순실이라는 여인이 비선(秘線)으로 활동하면서 국정을 농단했다는 것이다. 처음에는 최순실이라는 이름을 처음 들어본 사람들이 많아서 긴가민가했다. 그러나 이런 뉴스는 곧 다른 언론사로 확산되었다.

권력 내부에서 균열되고 무너지는 소리가 곳곳에서 들렸다. 총선 참패 책임론 공방 등이 이어지면서 새누리당은 집권당은 커녕 정당으로서 최소한 기능을 하는 것 같지도 않았다.

4) 태블릿PC로 결정타를 날리다

여기다 JTBC가 10월 24일 보도한 이른바 〈최순실 태블릿PC〉 보도가 결정타였다. JTBC는 최순실 국정농단의 결정적인 증거라며, '통일은 대박이다' 라고 잘 알려진 독일 '드레스덴 연설문'을 최순실씨가 수차례 수정했다고 보도했다. 또 최순실씨의 취미는 박 대통령의 연설문을 고치는 것이라는 증언도 보도했다. 고영태와 차은택, 장시호 등 주변인물도 본격적으로 등장했다. 이른바 국정농단의 실체가 하나둘씩 드러난 것이다.

그동안 잠잠히 눈치를 살피거나 사태 추이를 지켜보던 언론들도 일제히 JTBC 보도를 받으면서 〈최순실 박근혜 게이트〉에 대한 뉴스를 본격화했다. 서로 경쟁적으로 취재하다 보니, 너도 나도 〈단독〉이라는 표시를 붙이고 특종이라고 보도했다. 허위기사도 특종, 왜곡기사도 특종이라는 이름을 달고 보도되기도 했다.

모든 의혹에 '최순실'을 갖다 붙이면 기사가 될 정도였다. 이 과정에서 언론들은 확인보다는 누가 먼저 기사를 보내느냐에 관심이 쏠렸다. 대통령이라는 '성역'이 한번 무너지니까 대통령을 비판하고 비난하는 고발기사가 봇물처럼 쏟아졌다.

사실상 이때부터 박근혜 정권은 식물화되었다. 대통령을 저잣거리 잡배만큼도 여기지 않는 보도이다 보니 영(수)이 설리 없었다. 어떤 공격을 받아도 청와대는 거의 아무런 대응을 하지 못했다. 대통령이 임명한 공직자가 얼마인데, 해당기관에서 제대로 된 반론하나 제기하지 못했다. 국민들도 거의 공황(恐慌)상태였던 것이다.

박근혜 대통령은 물러날 때까지 변변한 기자회견 제대로 하지 못했다. 그것도 〈정규재 TV〉를 통해 마치 변명하듯이 했으니 지금 생각해봐도 '위기대처'에 미숙했다.

5) 대통령 탄핵 보도를 말한다. – 40일의 기록

여기서 당시 보도 상황을 공영방송이었던 〈KBS뉴스 9〉를 통해 살펴보겠다. [5]

모니터 기간은 2016년 10월 27일부터 12월 31일까지로 했다. 이 40여 일 동안 언론들의 왜곡 보도가 집중돼있었다고 필자가 판단했기 때문이다.

이 기간 동안 KBS9뉴스에서 방송된 아이템 가운데, 박근혜 전 대통령에 대한 의혹 제기와 비난, 그리고 촛불집회를 미화한 것을 중심으로 뉴스 제목을 열거해봤다.

---

5) kbsnews.co.kr 9시 뉴스 다시보기.

〈KBS뉴스 9〉는 JTBC의 태블릿PC 보도 이 후 한 동안 분위기를 살피는 듯하다가 10월 27일부터 본격적인 의혹 보도를 시작했다.

10월 27일에는 고영태와 차은택 그리고 미르재단의 사무총장을 지냈던 이성한씨 등을 조명하는 〈최순실과 핵심 3인방 무슨 일 있었나?〉로 시작했다. 10월 28일에는 (단독) 〈"수석들 만나기전에 최순실 지시 받았다"〉라며 최순실 씨 측근 증언을 보도했다. 30일에는 〈 미르 '한식 세계화' 개입... 최순씨의 영향력 의혹〉을 방송했다.

31일 (단독) 〈 K 스포츠 '생활체육예산' 통째 노렸나?〉 (단독) 〈평창올림픽 빌미 '45억 사업권' 따냈다〉 등을 보도했다. 〈늘품체조, 걸 그룹 댄스와 유사〉 11월 2일 〈CJ 컬처밸리 1조 넘는 투자이유는?〉 11월 4일 (단독) 〈수상한 K토토 빙상단...평창 이권 노렸나?〉 11월 6일 〈최순실 집에서 100m ...청와대 경호원 숙소 '의문' 〉

11월 7일 〈이대 교수의 수상한 연구 수주...'정유라 특혜' 대가?〉 11월 8일 〈삼성,한화 빅딜에 승마포함 ...최순실 입김?〉 11월 9일 〈차은택 손대면 '문화산업' 예산 껑충〉 등 의혹보도가 많았다.

그리고 촛불 집회가 있는 토요일은 저녁 8시부터 특별 편성 했다. 8시부터 좌담 방송을 하면서 촛불집회 현장을 중계차로 연결해 집회 상황을 중계방송 하다시피 했다.

또 토요일 9시 뉴스는 촛불집회를 집중적으로 보도했다. 뉴스 내용도 '선진시민의식'이 돋보인 집회라는 등의 긍정적인 보도가 주를 이루었다.

11월 12일 토요일 9시 뉴스는 〈주최 측 100만. 경찰 26만...사상 최대 집회〉〈가족끼리. 친구끼리...변화한 집회문화 〉〈끝없는 촛불 행렬...사상최대 규모 집회〉〈성숙한 시민...평화로운 집회〉〈먼 길 한 달음에...촛불상경 인파〉〈진압 대신 안내...경찰 대응 변화〉〈전 국 촛불 물결 ...대통령 퇴진 촉구〉 등이었다. 뉴스시간도 예정된 1시 간을 넘겨 방송했다.

집회 다음날인 일요일 뉴스도 전날의 집회 분위기를 이어가는 보 도를 했다. 11월 13일 일요일 뉴스는 〈거리로 나선 민심, 그 21시간 의 기록〉〈 고비마다 "비폭력" 시민의식 빛났다〉 11월 15일 (단독) 〈대 통령, 기업 총수 외 전경련 회장과도 독대〉〈박대통령 12차례 주사제 대리처방 ... 프로포폴 없어〉 등으로 이때부터 '주사제'가 본격 등장했 다.

11월 17일 〈이영복, 최순실 같은 "황제 계"...사업청탁 있었나〉 〈창조경제 센터 '허울뿐' ...관리도 부실〉〈"대리 처방 의사 고발"...청 와대 의무실도 '조준'〉

11월 19일 (단독) 〈김연아, 늘품체조 거절 뒤 미운 털〉 11월 22일 〈'대통령 대리처방' 수사 착수...청 의료진 소환방침〉 11월 23일 (단독) 한국문화재단도 최순실 개입...“사실상 관리”〉〈최태민 묘지 불법조성 ...용인시 “원상 복구 명령”〉〈5차 촛불 집회 2백만 명”...농기계 상경 시위도〉 (단독) 〈전 주치의 “대통령이 태반주사 요구해 거절”〉

11월 24일 (단독) 〈정치자금 분석...한국문화재단 인근 '집중'〉〈한국문화재단 후원금, 재단 운영비로 전용? ...법 위반 의혹 〉 (단독) 〈민정수석실이 K스포츠 지원압력〉

11월 25일 (단독) 〈“신동빈-최태원 면세점 청탁에 긍정적 답변”〉 11월 26일 〈버스로 기차로 서울행...“광화문가자”〉〈긴 줄에도 질서유지...유쾌한 풍자. 해학〉〈꽃 스티커. LED 촛불까지...집회의 진화〉〈보수단체도 맞불집회 ..“마녀사냥 중단”〉〈다시 광장으로 ...70년 현대사와 함께〉 11월 27일 〈“KT광고 대행사 선정, 차은택-대통령 공모”〉〈“사상최대 집회”...추위도 못 꺾은 촛불 민심〉〈청와대 앞 '비폭력'...평화시위 새 역사〉〈 세계가 주목한 촛불집회...“시위 문화 새 지평”〉

11월 28일 〈삼성바이로직스 이례적 상장 '의혹'〉〈“체육계 비리 수사 김기춘 주도 정황”〉

12월 3일 〈' 모으고 나누고'...새로운 집회 문화〉〈초대형 촛불집회, 준비는 이렇게 한다〉〈박사모 총동원령, 보수단체 맞불 집회〉

12월 4일 〈커지는 촛불민심〉〈촛불집회 이렇게 진화했다〉〈외신, 촛불집회도 한국적...대통령 축출 원해〉 (단독)<인사 민정수석이 장악...대학총장 후보에 각서 요구〉 12월 5일〈평일에도 촛불집회 청와대 200m까지 행진〉

12월 11일〈식지 않는 촛불 열기...“광화문 광장 새 역사”〉〈 대통령 퇴진까지 촛불 끝까지 간다!〉 12월 14일 〈 박대통령 ‘얼굴 멍’ 시술 추궁...모르쇠 일관〉

〈‘세월호 7시간’ 밝혀진 실체는?〉 12월 15일 〈“현직 부총리 급, 정윤회에 7억 뇌물” 주장도〉 12월 24일 〈성탄 전야 촛불집회...축제 분위기〉 12월 28일〈최 씨 세 자매 부동산 3천 억...‘최태민 돈’ 의혹〉 12월 29일 〈“주사 아줌마 들어갑니다 ”...또 다른 ‘비선 진료’ 정황〉 12월 31일 〈거리의 ‘촛불 민심’...탄핵 정국 이끌다〉

이상에서 살펴본 것처럼 추측, 선정적인 기사제목이 많다. 당시 공영방송으로서 비교적 객관적으로 보도한다고 알려졌던 〈KBS뉴스9〉가 이렇다면 다른 방송사는 더 했으면 했지 덜 할리 없었다는 평가가 있다.

보도 방향을 살펴보면, 처음에는 최순실씨 관련 뉴스로 시작했다가 점차 박근혜 대통령 쪽으로 의혹제기가 본격화되었다. 내용도 국정전반에 걸친 의혹보도가 많았고, 나중에는 〈세월호 7시간〉에 집중 되었다. 그러면서 '얼굴시술' 등 대통령의 사생활에 대한 보도도 있었 다. 과거 어느 현직 대통령에게도 하지 않았던 전 방위 '대통령 때리 기'식 보도였다. 근거 없는 추측이나 일방적 주장, 심지어 오보에 대 해서도 제재를 가하지 못했다. '박근혜 마녀사냥'이 시작된 것 같았 다.

청와대가 각종 의혹보도에 제대로 반론을 제기하거나 반격에 나 서지 못하자, 언론들의 파상공격은 더 격렬해졌다. 위기 상황에서 아 무것도 하지 못하는 정권으로 비춰졌고, 또 실제로 아무것도 하지 못 해 무너졌다.

그런 상황에서 촛불집회는 갈수록 그 규모가 커졌다. 언론들은 갈 수록 '촛불집회'를 찬양하는 수준으로 보도했다. 촛불집회를 '축제 분 위기'로 묘사했고 '성숙한 시민의식', '비폭력 시민의식 빛났다'는 식으 로 집회를 긍정적으로 보도했다. 대통령을 때리는 데 있어서 수위조 절이라는 말은 사라졌고, 역대 그 어떤 현직 대통령도 경험해보지 못 한 편파, 왜곡 보도를 당해야 했다. 어떤 이는 이를 두고 현직 대통령 에 대한 '보도테러'라고 말했다.

반면에 모니터 대상 기간에 〈KBS뉴스 9〉에서 〈태극기 집회〉 보도는 단 두 차례 정도에 불과했다. 내용도 '보수층의 맞불집회', '박사모 총동원령' 등이었다. 마지 못해 보도한 것처럼 보였다. 우파들의 '태극기 집회'규모가 갈수록 커졌던 상황을 감안해보면 '촛불집회'는 키우고 '태극기 집회'는 의도적으로 축소했다는 의혹이 든다.

박근혜 대통령이 사장을 임명한 KBS에서 이런 상황이었다면, 다른 방송은 굳이 말하지 않아도 그 정도를 짐작할 것이다. 말하자면 광풍(狂風)이 불었다고 본다. 처음에는 시청자들도 뉴스에 놀라고 당황해하다가, 점차 사실로 받아들였고, 나중에는 지겹다고 말하는 사람들도 많았다.

6) 탄핵, 언론이 선동하고 사법부가 완성하다

언론학에 〈효과이론[6]〉이라는 것이 있다. 어린이와 청소년들을 그룹으로 구분해, 폭력적인 영화나 텔레비전을 오래 보여주면 이들이 자연스레 폭력적인 성향을 보인다는 논리이다. 폭력에 노출 빈도가 높으면 폭력성을 갖게 된다는 이론이다. 그만큼 매체가 미치는 영향력이 크다는 것을 말하는 것이다.

---

6) 〈배양효과이론〉에, TV를 많이 보는 시청자는 그렇지 않은 시청자에 비해 TV가 묘사한 현실을 더욱 현실적으로 받아들인다는 이론이 있다. .

시청자들이 수개월동안 박근혜 대통령의 비리와 문제 등을 거의 매일 보고 듣다보니, '탄핵과 사법처리'를 당연한 것으로 받아들이게 됐다는 추론이 가능하다. 이런 상황에서 촛불집회는 박근혜 '탄핵'에서 '즉각 하야'로 구호가 바뀌더니 다시 '구속하라'는 구호로 이어졌다. 여론과 촛불집회가 일정한 주파수로 움직이는 것 같았다.

이런 상황에서 당시 더불어민주당등 야당이 탄핵을 강하게 주장했고, 여기에 일부 여당의원들이 가세했다. 마침내 2016년 12월 9일 재적의원 300명 가운데 299명이 참석해서 234명이 〈대통령 박근혜 소추안〉에 찬성했다. 반대는 56명이고, 기권 2명, 무효 7명이다. 압도적으로 탄핵안을 통과시킨 것이다. 역사상 처음 있는 일이었다.

이후 헌법재판소에 넘겨진 탄핵심판청구안도 2017년 3월 9일, 8명의 헌법 재판관이 전원일치로 탄핵인용 결정을 내렸다. 당시 헌법 재판관 8명 가운데 박근혜 대통령이 임명한 재판관이 2명, 새누리당이 임명한 재판관이 1명이 있었지만 이들도 탄핵에 찬성한 것이다. 재판관 숫자가 많지 않고, 누구 추천을 받는지 알려져 있기 때문에, 반대할 경우 누가 반대표를 던졌는지를 알 수 있었던 점도 영향을 미쳤을 것이다.

당시 헌법재판소장 권한대행이었던 이정미 재판관은 머리에 '헤

어롤' 2개를 했다가 벗는 것도 잊은 채 출근했다가 화제가 되기도 했다. 여론의 압박이 거셌다는 것을 보여준 사례라고 평가받기도 했다.

탄핵은 시대의 과제이고, 여기에 반대하는 것은 역사에 죄를 짓는 것이라고 스스로 주문(呪文)처럼 외우지 않았을까.

필자는 박근혜 대통령의 탄핵은 본질상 언론이 만든 '여론탄핵'이었고 정치권과 사법부가 절차적으로 종결지었다고 본다.

수개월동안 박근혜 대통령과 그 주변인물에 대한 난타를 하다 보니 우파 보수층에서도 '박근혜 거부현상'이 생긴 것은 사실일 것이다.

박근혜 대통령을 우파의 '아이콘'으로 여겼던 만큼, 박 대통령에 대한 실망감은 우파 보수의 붕괴로 이어졌던 것이다.

제6장 '박근혜 탄핵'에 기여했던 프로그램

방송사들은 뉴스 외에도 박근혜 때리는 프로그램들을 많이 방송했다. 다큐멘터리나 시사 프로그램의 〈최순실 박근혜 게이트〉 방송에 대해 살펴본다.

1) 표본실의 청개구리

이 프로그램은 KBS1 TV에서 2016년 12월 11일 방송 했던 것으로 '박근혜 때리기'가 주요 내용이다. 진중권씨 등 6명의 패널이 토론했 던 이 프로그램은, 당시 유행했던 영화 〈레미제라블〉을 소재로 프랑스 〈7월혁명〉과 한국의 〈촛불혁명〉을 대비시켰다.

(1) 프랑스7월 혁명 vs '촛불혁명'

영화 '레미제라블'은 1789년 프랑스 대혁명이후 나폴레옹이 몰락하고 난 다음, 다시 왕정으로 돌아갔던 1832년 루이 필립 왕이 그 배경이다. 프랑스는 공화정으로 돌아가기 위한 7월 혁명이 진행되는데, 영화는 루이 필립 왕에게 항거하는 젊은이들의 사랑과 투쟁을 담고 있다.

〈표본실의 청개구리〉에서 패널 들은 프랑스 7월 혁명의 패배 원인을 분석하고, '촛불혁명'이 실패하지 않기 위한 방안을 모색한다. 7월 혁명과 촛불 집회를 비교하면서, 한국에서도 이런 패배를 겪지 않으려면 똘똘 뭉친 저항이 있어야 한다고 강조했다. 화면에는 총칼을 든 시민군과 깃발, 그리고 음악이 흘렀다.

(2) 박근혜 vs 루이필립

또한 프로그램은 당시 루이 필립 왕을 소재로한 대형 미술작품을 보여준다.
'오노레 도미에' 작가의 작품〈가르강튀아〉이다. 이 작품은 루이 필립 왕이 긴 혀로 국민의 혈세를 빨아들이는 그림을 통해, 포악한 왕의 가렴주구(苛斂誅求)를 묘사했다. 그리고 루이 필립과 박근혜 대통령, 두 사람을 대비시킴으로써 박근혜 대통령을 부패한 왕의 이미지와 동일 선상에 둔다. 박근혜도 혁명의 대상이라는 메시지가 당연해 보인다. 그리고 "2016년의 서울과, 1832년의 프랑스가 하나도 다르지 않다" 라고 사회자는 말했다.

패널로 나온 한 인사는 "역대 가장 좋았던 대통령은 노무현이고, 최악은 박근혜"라고 말했다.

박근혜 체제는 마치 1832년대 프랑스 왕조처럼, 혁명의 대상이라 는 것을 말하려는 것이 제작진의 의도가 아니었을까. 당연히 그렇게 보였다.

그래서 시청자들에게 '집에 앉아 있지 말고 주말에 촛불을 들고 집 회에 나가라' 고 말하는 것 같다. 전형적인 선동으로 보였다.

그래서 박근혜 대통령에 대한 탄핵은, 언론이 선동하고 민주노총 등 시민단체가 촛불집회를 통해 이룩한 '혁명'이라고 하는 것인가 보다.

(3) 언론에 속아서 탄핵했다

이런 점에서 당시 새누리당 의원들이 탄핵에 동참하는 것은, 스스 로 정의로운 행동이었다고 판단 할 것이다. 그리고 그것이 지역구나 국민들의 일반적인 정서로 생각했을 것이다. 그러나 그들이 뭔가 잘못됐다고 판단하기까지는 그리 오랜 시간이 걸리지 않았다. 문재인 정권 출범 후 상황이 달라졌기 때문이다.

문재인 정권이 좌편향 정책들을 급진적으로 추진하면서 국민적인 저항이 이어졌다. 특히 원전정책, 최저임금인상, 비정규직 폐지 등 좌편향적 정책에다 평창올림픽을 전후로 나타난 친북한적인 태도 때문이었다. 급기야 개헌 등을 둘러싸고 사회주의 체제로 나라가 바뀔 수 있다는 우려가 확산 되고 있다.

또 박근혜대통령에 대한 탄핵도 언론의 조작적 보도에 의한 것이라는 것을 깨닫기 시작했다고 본다. 특히 2018년 3.1절 국민 집회를 축소 내지 묵살 보도하는 것을 목도하면서 언론에게 속았다고 느낀 사람들이 많아진 것이다.
특히 중도우파 성향의 국민들이 더욱 그런 경향이 강했다.

우파들은 야당에게 좌파정권을 견제 정도가 아니라, 맞서 싸워달라고 주문하고 있다. 국가 정체성에 대한 불안감이 점점 커지고 있기 때문이다. 지역 유권자들도 이에 가세하자 탈당파 야당 의원들이 기댈 곳이 없어졌다. 탈당파들이 하나 둘씩 다시 탈당한 자유한국당에 되돌아 왔다. 이 또한 코미디 같은 상황이다.

박근혜 정권에 대해 덧 씌워져있던 국정농단과 부정부패, 권력남용 등이, 시간이 지나면서 사실보다 지나치게 왜곡되거나 과장되어있다는 것을 깨닫기 시작했다. 언론의 실체에 대해 눈을 조금씩 뜨고 있다.

2) KBS스페셜 '블랙리스트'

2017년 2월 11일 KBS 1TV 〈KBS스페셜〉에서 '블랙리스트'란 부제를 달아 방송했다. 박근혜 정권의 부도덕성을 부각시키는데 큰 기여를 한 것이 블랙리스트이다. 문화예술인과 단체를 선별해 지원해 주는데, 지원에서 배제된 작가나 단체 이름을 블랙리스트라는 것이다.

물론 이는 공식적인 명칭이 아니고 주로 좌파들이 박근혜 정권을 공격할 때 사용했다. 그런데 이 블랙리스트는 그 '이름'의 매력 때문인지 실제 보다 선전 효과가 더 컸다. 블랙리스트라고 하니까 뭔가 특별한 명단인 것처럼 보인 것이리라. 블랙리스트는 '어둠'이 상징하듯이 몰래 숨어 차별하는 의미의 부정적인 이미지가 강했다.

말하자면 예술인과 단체에 대한 '선별'(選別)지원을 '차별'로 바꾸고 다시 이를 '불이익'으로 치환(置換)해서 정권을 공격한 것이다.

(1) 문화예술 선별지원 "역대 정부 다 했다."

문화예술작품에 대한 지원은 일정한 원칙에 따라 규칙을 정해서 하면 된다.

숨어서 몰래 하는 게 문제다. 관련자들이 청문회 등에서 질문을 받았을 때 대부분 "모른다"라고 대답했다. 장관도, 비서실장도 그리고 대통령도 그렇게 말했다. 왜 정당하게 좌편향 작가의 문제점을 지적하지 못하는가, 또 지원할 수 없는 이유를 당당하게 설명하지 못하는가.

그만큼 박근혜정권이 눈치를 많이 봤다는 것이기도 하고, 소신이 없었다는 뜻이기도하다. 국가 예산을 지원할 때 좌우(左右)를 굳이 나누지 않더라도 국가의 정체성과 사회통념상 건전한 가치관의 잣대를 들이대면 지원해야 하는 것과 그렇지 않은 것은 자연히 구분된다. 이것을 말했어야 했다. 그러나 그러지 못했다. 그래서 탄핵으로까지 이어진 것이다.

설령 지원 작품이나 작가가 우편향 일색이라는 지적이 나오더라도, 장관이나 대통령이 자신들의 통치 철학 내지 신념이라고 당당하게 주장하면 된다.

대통령도, 장관도 그저 '나는 모르는 일이다' 이렇게 소극적으로 나오니까 반대편이 아주 만만하게 보고는 공격을 한 것 아닌가. 공격해오더라도 원칙을 고수하면서 일관된 태도를 보였다면 이른바 블랙리스트가 현재의 상황으로 커져가지는 않았을 것이다.

과거에도 이런 것들은 무수히 많았다고 본다. 단지 블랙리스트라고 이름 붙여 집단적으로 공격하지 않았을 뿐이었다. 각 정권마다 나름 잣대를 마련해서 지원했는데, 왜 유독 박근혜 정권만 문제가 되는가. 좌파 정권에서 좌파 작품이나 예술가들이 더 많은 지원을 받았다는 것, 상식 아닌가.

(2) 작품 설명 없이 블랙리스트만 강조

작품지원에 대한 차별 문제를 TV에서 프로그램으로 다루려면, 문제가 된 지원 탈락 작품은 어떤 것이었기에 배제되었는지 그 설명이 있어야 한다. 그래야 합당한 심사였는지 여부를 알 수 있다. 그런데 KBS스페셜에서 방송한 '블랙리스트'는 작품의 성격이나 내용에 대한 언급은 거의 없다. 다짜고짜 지원에서 배제되었다는 설명이 대부분이다. 정권이 불편해 하거나 비판받을 내용이 포함돼 있다는 정도의 설명 뿐이다.

대신 정부가 어떤 수법으로 지원을 배제하는 가에 대한 묘사는 상세하다.

방송을 보는 사람으로 하여금, 특정 작가와 작품을 '차별'했다는 것을 강조한 것이 아닌가싶다.

지원받지 못한 작품가운데는 이런 것도 있다. 군인들이 자살하거나 위계질서에 염증을 느끼고 일탈하는 등 병사들을 부정적으로 다룬 작품이 있다. 작품 내용을 상세히 밝히지 않은 채, '차별했다'고 방송한 것이다. 말하자면 '군대의 사기를 꺾고 군을 부정적으로 묘사해서 탈락했다' 라는 설명이 없었다. 그렇다면 시청자들은 저 작품이 왜 탈락했는지에 대한 이유는 모르고 다만 "차별했으니 나쁜 짓을 했다"라는 인식을 가질 수 있는 것이다.

또 박정희 전 대통령과 그 딸인 박근혜 대통령의 이야기를 부정적으로 묘사한 작품도 지원에서 빠졌는데, 역시 이 작품도 그 내용을 자세하게 설명하지 않고 단지 블랙리스트 대상이었던 점을 강조했다.

(3) 선별지원을 '검열'로 방송

나랏돈을 지원할 때, 어떤 작가나 작품인가를 따지는 것은 당연하다. 국민의 피 같은 세금이기 때문이다. 블랙리스트와 관련한 KBS 프로그램에서, 한국 작가가 영국 소극장에서 한국정부의 블랙리스트 정책에 항의하며 1인 시위를 하는 장면이 나온다. 해외 원정시위를 한 것이다. 한 독일 사람과 인터뷰하는 장면이 등장하는데, 자막에 이런 내용이 있다. "한국에는 아직도 검열이 있다는 이야기입니까" 이어서 "그렇다면 한국은 민주주의 국가가 아닌가요?" 라는 대목이다.

작가의 질문은 잘 들리지 않고 인터뷰한 독일 사람의 답변만 자막으로 나온다.

이 방송대로라면 블랙리스트의 선별지원은 '검열'로 이해되고, 그래서 한국은 민주주의 국가가 아닌 것으로 오해하게 될 수도 있다.

시청자가 보기에는 블랙리스트는 '검열', '독재국가' 등의 개념으로 잘못 이해될 수 있다. 설령 저런 내용의 인터뷰가 있었다 하더라도, 전 후 상황을 더 설명해서 시청자가 오해하지 않도록 방송하는 것이 제작자의 의무이다. 마치 검열이라는 말이 나오도록 기다렸다는 듯이 인용한 것이다. 그래서 제작자의 의도가 의심스럽다는 것이다.

이상에서 살펴본 것처럼 박근혜 전 대통령의 탄핵에 앞장섰던 방송은 왜곡과 편파, 선동 등 불공정한 것들이 많이 포함 돼있다. 필자는 이런 왜곡과 선동이 방송 제작자들의 무지(無知)나 오해에서 비롯된 것이 아니라고 본다. 기획되고 계산된 것이라고 의심한다. 그렇지 않으면 저렇게 방송할 수 없다고 본다. 그래서 박근혜 정권에 대한 탄핵은 언론이 만든 것이라고 판단하는 것이다.

'박근혜 때리기'는 왜 계속되나

문재인 정권이 출범 한 뒤에도 언론들은 박근혜 전 대통령에 대한 비판기사를 이어가고 있다. 감옥에서 거의 일 년을 보내고 있는 박 전 대통령에 대해 여전히 이런 저런 과거 비리 기사를 속보형식으로 보도하고 있다.

1) 박근혜 무죄는 문재인정권 기반 붕괴

만약 박 전 대통령의 탄핵이 부당하거나 죄가 없다고 판명된다면, 문재인 정권은 어떻게 될까. 문재인 정권은 박 전 대통령의 탄핵을 기반으로 들어선 정권이기 때문에 그 기반이 붕괴될 수 도 있다. 그래서인지 정권 출범이후 문재인 정권은 계속해서 '박근혜 수사'를 이어가고 있는 것 같다. 그러니 부정적인 기사가 계속 나오는 것이다.

박근혜 전 대통령이 재벌을 통해 최순실에게 지원했다는 것 외에도, 국정원 특수 활동경비 불법사용, 국회의원 선거에서 '친박' 정치인에 대한 여론조사 등이 그런 것이다. 박근혜 전 대통령의 지지층이 여전히 남아있는 것도 문재인 정권을 긴장케 하는 부분일 것이다.

탄핵과 구속과정에서 지지자들이 떠났다고 해도, 고정 지지자들은 여전히 견고하게 버티고 있다. 한 때 실망해서 일시적으로 지지를 철회했던 사람들도 정치 상황이 달라지거나 재판 결과에 따라 되돌아 올 수 있다.

2) 박근혜 비리 우파결집 막는다

문재인 정권의 지나친 친북성향으로 안보 위기론 등이 나타나자 중간지대에 있는 사람들이 강한 우파 안보 층으로 집결하고 있다.

그렇다고 박근혜 전 대통령이 정치적 재기를 할 수 있는것은 아니지만 우파 한가운데 박근혜 전 대통령이 여전히 일정한 자리를 잡고 있다.

이 점에서 문재인 정권은 박근혜를 '비리'에 묶어 두는 것이 필요해 보일 것이다. 박근혜를 때리는 한, 우파가 힘을 쓰지 못할 것이라고 판단할 것이다. 여기에 이명박 전 대통령의 사법처리를 더해, 우파의 재기를 완전히 차단시킬 수 있다고 판단할 것이다. 말하자면 '보수궤멸', '우파궤멸'인 것이다. 그래서 문재인 정권은 좌파 정책과 개헌 등이 성공할 때까지, 우파의 구심점이 될 수 있는 것들을 모두 차단하는 전략을 쓸지 모른다.

그래서 적폐청산은 문재인 정권 끝날 때까지 이어지지 않을까 싶다. 지금도 상당수 우파 인사들이 적폐라는 이름으로 수사를 받고, 구속되고 있다.

어느 정권이든지, 과거를 지금의 잣대로 털기 시작하면 안 걸릴 것이 없고, 또 문제되지 않을 것이 없다. 그 때는 옳았던 것들이 지금은 틀린 것들이 많은 것이 역사(歷史)이다.

제8장

방송장악을 말한다

　어느 정권에게 언론이 중요하지 않을까 만은, 문재인 정권은 유달리 언론에 깊은 집착을 갖고 있다. 어떤 의미에서 보면 좌파정권은 대부분 언론에 대한 의존도가 높았다. 언론만큼 큰 우군(友軍)도 없기 때문이다. 개혁이라는 이름으로 구질서를 무너뜨리고, 새로운 것을 만들어 갈 때 여론의 도움이 필수적이기 때문이다.

　노무현 정권 때도 '조중동'으로 대변되는 보수언론과 '전쟁'을 벌이면서 신생 인터넷 매체 등을 중점 육성했다. 당시 노무현 정권은 진보성향 좌파 인터넷 언론의 지지를 받으면서 국정운영의 동력을 얻었던 것이다.

문재인 대통령은 당선 이전부터 공영방송과 깊은 유대를 맺었다. KBS와 MBC등 방송사 노조가 시위하는 현장에 가서 의견을 들었고, 후보시절에는 바쁜 일정을 쪼개 암(癌) 투병중인 해직 언론인 집을 직접 찾아가 위로했다.

문재인 대통령은 더불어 민주당 대통령 후보시절인 2016년 4월 24일, 선거를 보름도 채 안 남겨두고 민주노총 산하 언론노조간부들과 정책협약을 체결했다.

대통령에 당선되면 언론노조가 관심을 가지는 분야 등을 정책적으로 추진하겠다는 것이고, 언론노조는 그런 문재인 후보를 지지한다는 내용 아니었겠는가.

언론노조가 유력 대선 후보와 정책협약을 맺는다는 것이 쉽게 이해되지 않는다. 그러나 언론노조의 강령이나 규약에 드러난 그들의 정치색을 보면 수긍이 간다. 정치현안에 객관적 관찰자이기보다는 참여자로서 활동하겠다는 것이 그들의 정체성이 아니었던가. 이런 태도로는 객관성, 중립성, 공정성을 지켜내기가 힘들기 때문이다.

언론노조는 그 앞의 2012년 대선에서 당시 통진당 후보였던 이정희 대표와도 정책협약을 맺었다.

언론의 도움으로 문재인 후보가 당선됐다고 판단했는지, 문재인 정권은 언론노조의 요구를 거의 다 들어주다시피 했다. KBS 이사를 바꿔달라면 이사를 교체했고, 사장을 바꿔달라고 하면 해임시켰던 것이다. 그리고 마침내 언론노조 출신을 사장으로 세운 것이다. 문재인 정권은 방송을 장악한 것이 아니라 탈취(奪取)했다는 표현이 더 옳을 것으로 보인다. 법적으로 임기가 보장된 공영방송 이사와 사장을 이런 저런 이유를 들어 해임시키고 정권의 입맛에 맞는 사람을 앉혔기 때문이다.

1) '언론장악' 문건은 '방송 탈취' 시나리오

문재인 대통령이 당선되자 KBS와 MBC의 언론노조원들도 크게 반겼다.

우파정권아래서 억압을 받았다고 생각해온 그들로서는 문대통령의 당선은 새 세상의 문이 열린 것이나 마찬가지였다. 그리고 방송국에도 이른바 적폐청산 물결이 거셌다.

KBS 경우 문재인 대통령이 당선되고 나서 사내 게시판에 경영진을 비난하는 글들이 올라오기 시작했다. 이명박. 박근혜 정권시절에 보직을 받은 사람들을 적폐로 몰아갔다.

(1) 언론노조, '부역자' 101명 발표

이에 앞서 민주노총 산하 언론노조는, 박근혜 전 대통령에 대한 탄핵이 진행되던 지난 2016년 12월 14일 고대영 KBS사장과 이인호 이사장 등 10명을 언론 '부역자 명단'이라고 발표했다. 이명박 박근혜 정권에 부역했다는 것이었다. 이후 2017년 4월에 2차로 50명, 그리고 2017년 6월 3차로 41명의 명단을 더 발표했다. 주로 KBS와 MBC 경영진과 간부, 이사들이 포함된 명단이었다. 청산해야할 대상이라는 것이다.

대체로 방송사에서 고위직을 했던 사람들을 부역자라고 발표했지만 그들의 기준대로 하더라도 이름이 빠진 사람도 있었고, 또 이미 퇴직한 사람들도 상당수 포함돼있는 등 명단 자체에 대한 기준도 애매했다. 이때 영화 '공범자들'도 상영되고 있었다. 언론노조 위원장 출신인 최승호 MBC PD가 만든 것으로, 얼마 후 MBC사장자리에 앉는 인물이다.

이 영화에서 최승호씨는 MBC 사장 등 임원들을 찾아가 "왜 탄압했느냐. 왜 부당지시를 내렸느냐" 라는 식의 질문을 던졌다. 이런 인터뷰에서 제대로 된 답이 나올 리 없다는 것은 누구나 안다. 그래서 공개 망신을 주려는 의도로 인터뷰하는 것으로 보였다. 물론 객관성이나 공정성은 말할 수 있는 정도가 아니었다.

부역자 명단이나 공모자 등에 등장하는 사람들이 '공개블랙리스트'로 보인다.

드러내 놓고 공격하고 공개적으로 모욕을 줬으니까 말이다. 좌파 성향의 문화예술인들이 '블랙리스트'를 비난하고, 집회를 한 것에 비하면 이런 것은 매우 과격한 것인데도 비교적 조용히 지나가는 것 같다. 우파들은 얌전한 것인지 비겁한 것인지 모르겠다. 자신들의 이름을 공개적으로 드러내놓고 부역자라고 비난해도 그저 조용했으니 말이다.

부역(附逆)이라는 말은 주로 일제 강점기나, 한국전쟁 당시 공산치하에서 적들에게 도움을 준 행위를 일컫는 것이라고 보면 아주 치욕스러운 용어이다. 그런데도 큰 저항은 없었다.

(2) 노조 동원해 사장 내쳐라

기자협회와 노동조합 등에서 사장퇴진을 내걸고 파업에 들어갔다.

KBS와 MBC 양사의 노조들이 파업하는 도중에 이른바 '공영방송 장악 문건'이 드러나 파문을 일으켰다. 2017년 9월 경, 더불어 민주당이 당원에 대한 교육 자료로 내 놓은 것인데 '공영방송 정상화를 위한 로드맵' 이라고 명기된 방송장악 문건이었던 것이다.

핵심 요지는 이른바 '언론적폐청산'을 민주당의 적폐청산위원회 활동의 최우선 활동과제로 추진한다는 것이다. 실행방안으로서는 1) 방송사 구성원과 시민단체, 학계를 중심으로 사장 퇴진 운동을 전개하고, 2) 방송통신위원회의 관리감독 관리. 감독권한을 활용하여 사장의 경영비리, 부당한 인사, 그리고 징계 등의 불법적인 행위실태를 엄중하게 조사할 것, 3) 야당 측 이사들에 대한 검증을 통하여 개인비리와 직무유기, 부당한 업무처리 등 각 이사들의 부정 비리를 부각시켜 이사직에서 퇴출할 것 등을 들고 있다.

내부 구성원과 시민단체를 이용해 이사와 사장 등의 비리를 캐서 퇴진시킨다는 것이 문건의 핵심 내용이었다. 민주당은 이 문건이 공개되자, 실무자의 아이디어 차원에서 기안했다고 변명했지만, 이후 KBS와 MBC에서 벌어진 상황은 이 문건대로 진행되었다. 즉 이사들을 노조가 압박하거나, 법인카드 사용 등을 조사해 억지로 사퇴시킨 것이다.

여기에는 경찰과 검찰, 노동부, 감사원, 방송통신위원회 등 관련 기관이 모두 동원되어 조사하고 압박했다. 이들 가운데는 권한 남용 의혹이 많은 기관도 있다. 나중에 엄중한 법의 심판을 받을 것은 당연하다.

2) MBC 장악

사장교체는 KBS보다 MBC가 먼저 이뤄졌다. 문재인 정권이 출범하고 얼마 지나지 않았던 2017년 6월 29일, 고용노동부가 MBC에 대한 특별근로감독에 들어갔다. 무려 12명을 파견해 대대적인 조사에 나섰다. 김장겸 사장 등 경영진 들이 이명박, 박근혜 전 대통령 체제에서 언론노조 소속 MBC 사원들에 대한 '부당노동행위'를 했다는 이유였다. 이어 7월 21일에 PD수첩 제작진들이 제작거부를 선언하면서 사장 사퇴에 압박을 하고 나섰다.

(1) "김장겸 사장을 체포 하라"

9월 1일, 서울 여의도 63빌딩에서 열린 '방송의 날 기념식'에 참석한 김장겸 사장에게 법원은 체포영장을 발부했다. MBC 사장에게 부당노동행위 로 영장이 발부된 것은 처음 있는 일이었다. 방송을 장악하기 위해 물불을 가리지 않는 정권이라는 비판이 거세게 일었다.

이후 언론노조 MBC본부는 9월 4일 파업에 돌입했고, 그 다음날에는 김장겸사장과 김재철 전 사장이 노동부 서울 서부지청에 출석해 조사를 받았다. 두 명의 전 현직 사장이 나란히 조사를 받은 것이었다.

이후 노조의 압박이 진행되는 가운데 MBC 방문진 야당 측 이사 2명이 사퇴했고, 그 자리를 여당이사로 채웠다.

여당 이사수가 야당 이사수 보다 많아진 MBC방문진 이사회는, 11월 3일 김장겸 사장 해임 안을 의결했다. 파업 중이던 민주노총산하 언론노조 MBC본부 노조원들은 그 다음날 업무에 복귀 했다. 정권과 노조가 짜고 발을 척척 맞추고 있다는 말이 나왔다. 군사작전 하듯이 사장을 퇴진 시킨 것이다.

(2) 언론노조위원장 출신, MBC 사장되다

방문진은 이사회를 열어 전 PD수첩 제작자이고 언론노조 MBC본부 위원장을 지냈던 최승호씨를 사장으로 선임했다. 12월 7일의 일이다. 전(前) 사장을 사퇴시키고 언론노조 위원장 출신을 사장으로 교체한 것은 전광석화(電光石火)처럼 이루어졌다. 비로소 MBC가 장악된 것이다.

그리고 최승호씨는 12월 8일 출근하자마자 해직자 전원을 복직시키고, 메인 뉴스였던 〈뉴스데스크〉 진행을 맡아왔던 배현진씨 등 앵커를 예고 없이 하차시켜버렸다. 8년 동안 방송해온 앵커를 시청자들에게 인사할 기회조차 주지 않고 잘랐다는 비판이 일었지만 아랑곳

하지 않았다. MBC는 〈뉴스데스크〉 진행자를 새롭게 선보인 뒤 첫 방송에서 "지난시절 권력의 편에서 방송했다", "정권의 입이 되었다"며 사과부터 하고 뉴스를 시작했다.

(3) 보복, 배현진 전 앵커 '조명창고' 대기

대대적인 인사를 단행해 그동안 방송을 했던 직원들 대다수가 화면에서 사라졌다.

배현진 전 앵커는 3월 9일 자유한국당에 입당하는 자리에서, 예고 없이 〈MBC뉴스데스크〉에서 하차 당한 뒤, '조명창고'에서 대기생활을 해왔다고 밝혀 놀라게 했다. 또 인격적으로 몹시 모욕감을 느낄만한 음해와 공격을 계속 받아왔다고 말했다. MBC가 공개한 사진을 보면 〈조명 UPS〉 실 이라고 적혀있는 곳에 종이로 〈보도본부 사무실〉이라는 글씨가 적혀있었다. 책상과 의자 등이 있지만 을씨년스럽게 보였다. 이 공간에 6명이 있었다고 한다. 모두가 언론노조 파업에 동조하지 않았던 인물이고 우파로 분류됐던 사람들이었다.

이 공간이 있는 곳은 화장실도 없는 곳이라고 알려지면서 '유폐'라는 말도 나왔다. 오랜 기간 메인뉴스 앵커로 활동해온 사람과 기자들이 있기에는 분명 어울리지 않는 공간이었다. 사측은 그곳은 창고가 아니라 엄연한 사무공간이라고 밝혔다. 그러나 인터넷 에서는 '보복'

'유배' 등의 말이 퍼져 나갔다. 이어 직원들의 이메일을 무단으로 사찰 하는등의 불법행위도 이어져 최승호 사장과 감사들이 고발됐다.

이밖에 자유한국당 박대출 국회의원에 따르면 전임 보도국장은 중계차 업무를 보는 곳에 발령 냈다가 여론이 악화되자 몇 개월 뒤 심의실로 전보조치 했다. 사회부 기자는 영상자료를 정리 하는 곳에 배치하는 등 자신의 고유 업무와 상관없는 곳에 발령받은 직원이 많았다. 이렇게 특정 직원들을, 보기에 따라서 모욕을 느낄 정도로 업무와 상관없는 곳에 보냈다.

2012년, 민노총 산하 언론노조 조합원들이 180일 가까이 파업을 했다가 복귀하자, MBC 사측은 본인의 고유 업무와 상관없는 부서로 발령 냈다. 그 때 사측은 불법파업에 따른 조치로 인사발령을 했다고 밝혔다. 그런데 2018년에는, 언론노조의 파업에 동조하지 않았거나 그들과 다른 노선을 걸었다고 징계를 했다면, 이번의 일은 아주 다른 사안이 아닌가.

어찌됐던 과거의 일로 사장 등 사측 간부들이 조사를 받았다. 직원들을 부당하게 대우했다는 이유였다. 지금 MBC에서 과거 '부당노동해위'가 다시 일어나고 있다는 것이다. 보복이라는 말이 나오는 것 당연하지 않은가.

(4) 전임사장이 발령 낸 특파원을 소환하라

MBC는 또 해외에 나가있는 특파원들을 소환한다는 인사명령을 냈다. MBC는 12명의 특파원에 대해 3월 5일까지 본사로 귀임시켰다. 업무를 재평가 후 조정해서 효율성을 높이기 위한 것이라고 했다. 전임 사장이 발령한 특파원들에게 대한 보복이라는 말이 나돌았다.

특파원들은 혼자 주재국(駐在國)에 나가는 것이 아니라 보통 3년 기한으로 가족과 함께 나가기 때문에, 자녀들은 주재국 학교에 전학(轉學)한다. 주재국에 집을 얻고 전학시키는 일이 보통 까다롭고 신경 쓸 일이 아닌 것이다.

그런데 발령 난 지 얼마 되지 않은 직원들이 소환되면 그 가족도 함께 돌아와야 한다. 학생 등 가족들의 피해가 큰 것은 말할 것도 없다. 더러 가족을 두고 오는 경우가 있는데 이럴 경우 학비와 생활비 등이 이중으로 들기 때문에 큰 타격을 입는다. 그래서 야당인 자유한국당은 MBC의 이같은 조치를 '가정파괴 행위'라고 규탄했다.

소환통보를 받은 MBC도쿄특파원인 강모기자는 사내 게시판에 글을 올렸다. 이 글이 인터넷으로 나돌았다. 부임 4개월 만에 소환통보를 받은 강 기자는 "(특파원)임기 축소가 되었다는 말을 일방적으로 들었을 뿐, 이의 신청절차도 없었다"고 말했다. 그러면서 "정권이 바뀌면 특파원도 전(前) 정권 때 사장이 보낸 사람이기 때문에 일제히 바꿔야 하는 것인가요?"라며 되물었다.

그러면서 강 기자는 MBC가 진정으로 발전하려면 "노조가 파업을 할 때, (생각이 다른 사람은) 파업을 하지 않을 자유가 보장되고, 자신의 생각대로 살아도 팩트와 저널리즘에 비춰 부끄럽지 않다면, 선후배로 서로를 존중하는 다양성이 살아있는 직장이 되었으면 좋겠다"는 완곡한 말로 비판했다.

언론노조의 파업에 동참하지 않았던 직원들이 받고 있는 불이익을 우회적으로 비난 것으로 보인다. 조심스럽게 글을 적었다. 그래도 이쯤이면 용기 있는 축에 속한다.

(5) MBC간부들, 과거 법인카드 사용내역 조사

MBC는 과거 간부사원들의 법인카드사용 내역을 조사한다고 했다. 법인카드를 부적절한 장소와 시간 등에 사용한 것을 골라내 징계하기 위한 것으로 보였다. 이런 법인카드 조사는 KBS 이사를 내 쫓을 때 사용한 수법을 그대로 차용(借用)한 것이라는 말이 나돌았다. '공포(恐怖)경영'이라는 말이 절로 나올법하다. 보복의 끝은 어디일까. 그리고 정말 이렇게 해도 되는 것인가. 이 나라에 법과 상식은 어디로 갔나.

이런 상황을 보면 마치 과거 조선시대의 사화(士禍)와 당쟁이 생각

난다. 뜻을 굽히지 않았던 사림(士林)들이 어느 날 정치 상황이 바뀌면서 하루아침에 역적으로 내몰려 목숨을 잃었던 사건, 사화였던 것이다.

조선조(朝鮮朝) 숙종시대 환국(換局)도 그렇다. 당시 노론(老論)이 정권을 잡으면 남인(南人)들이 대거 몰락하고 다시 남인이 정국의 주도권을 잡으면 노론들이 사약(賜藥)을 받거나 유배지로 떠나야했다. 그런 붕당(朋黨)정치의 폐해가 방송사에 까지 이어지고 있는 것 아닌가.

사색당파(四色黨派)의 잘못된 유산이 4백년이상 넘게 유물(遺物)처럼 전해져 내려오고 있다. 그것도 배웠다는 기자, PD들이 있는 방송사에 말이다.

3) KBS 장악

KBS의 장악은 MBC와 별다를 바 없지만, 좀 늦었다. 상대적으로 정권이 MBC에 대해 서둘렀기 때문이다. 이유는 그 당시 MBC가 보수성향의 방송을 하면서 문재인 정권에 '저항'했기 때문에 더 일찍 장악한 것으로 판단된다.

MBC 이사와 사장을 교체한 정권은 바로 KBS 장악에 나섰다.

(1) KBS 이사 사퇴시키기 '작전'

KBS 이사회는 11명의 이사들로 구성된다. 여권추천 이사가 7명, 야권 추천이 4명이다. 그리고 여권 추천 이사 가운데 주로 연장자1명 이 이사장을 맡는다. 이사와 사장의 3년이다. 문재인 정권이 들어설 당시 이사들의 임기는 2018년 8월이다. 그리고 사장은 같은 해 11월 까지이다.

박근혜 대통령이 탄핵되고, 2017년 5월 9일 문재인 정권이 들어 서자 여권과 야권이 바뀌어 버렸다. 야권추천 이사가 7명이고 여권추 천이사가 4명으로 역전된 것이다.

KBS사장을 해임시키기 위해서는 반이 넘는 이사가 찬성해야 한 다. 이사가 모두 11명이니까 6명의 이사가 찬성해야 한다. 여권이사 가 4명밖에 되지 않으니 적어도 2명의 이사가 더 필요하다. 야권 이 사를 내 보내고 새로 선임되는 이사는 여권 몫으로 하면 사장 해임이 가능해진다는 논리이다.

문재인 정권은 이때부터 이사들을 내 쫓기 위한 총력전을 벌인다. 비리 조사를 통해 압박한 것이다. 이사들은 완강하게 버텼다. 민주노 총산하 언론노조가 이사들이 교수로 재직하는 학교나 사무실로 찾아 가서 시위를 벌였다. 한양대 교수로 있던 김경민 이사가 먼저 자진 사퇴했다. 2017년 10월 11일이다. 사장 해임을 의결하기 위해서는 한 명의 야권이사를 더 내 보내야하는 것이다.

(2) 법인카드 사용 내역 조사하라

나머지 이사들이 꿈쩍하지 않으니까 민주노총산하 언론노조는 기발한 생각을 하게 된다. KBS이사들의 법인카드 사용내역을 조사해 달라고 감사원에 청구한다. 2017년 9월 28일이다. 카드 사용내역에는 장소와 시간 등이 기재돼있기 때문에 어디서 무엇을 먹었는지 드러난다. 그리고 KBS이사로서 부적절한 곳에서 법인카드를 사용한 점이 있는지 살핀 것이다.

감사원은 즉각 6명의 감사인력을 투입해 이사들의 법인카드 사용내역을 집중 조사했다. 사무실로 찾아와 KBS이사장의 컴퓨터도 뒤졌다. 감사원은 2017년 11월 24일, 법인카드를 개인적으로 사용했다며 강규형이사 등 몇 명의 이사에 대한 해임 등 징계요구서를 방송통신위원회에 보냈다. 야권 추천이사가 주요 대상이었다.

당시 강규형 이사는 2년 여 동안에, 320 여만 원 안팎을 사적(私的)으로 사용한 혐의가 있다는 것이었다. 식비로 법인카드를 사용했을 경우 누구와 먹었는지 등을 소명하지 못하면 사적(私的)사용이 의심된다고 단정했다. 또 집 부근의 식당에서 식사를 하거나 차를 마셔도,

가족을 위해 사용한 것으로 의심했다. 기획 감사, 표적 감사라는 비난이 쇄도했다. 그래도 밀어붙였다.

감사원으로부터 징계요구안을 받은 방통위는 2017년 12월 27일 해임 건의안을 의결했고, 다음날 대통령은 재가했다. 야권이사를 줄이고, 여권이사를 늘여서 고대영 사장을 해임할 수 있는 길이 열렸다.

후임 이사를 선임한 KBS이사회는, 2018년 1월 22일 고대영 사장에 대해 해임건의안을 표결로 처리했다. 해임사유는 KBS의 영향력이나 신뢰도하락 등 애매하고, 말도 안 되는 이유들이 많았다. 문재인 대통령은 KBS이사회의 의결 하루 만인 1월 23일, 고대영 사장을 해임했다. 이인호 이사장도 방송장악에 대한 항의 성명서를 발표하고 자진 사퇴했다.

이로써 민주노총산하 언론노조가 요구해왔던 사장과 이사장이 동시에 퇴장한 것이다. 바야흐로 KBS의 장악이 눈앞에 다가왔다. 무지막지 한 정권이었다. 역대 어느 군사 정권에서도 이렇게 막무가내로 방송을 장악, 아니 탈취한 것은 보지 못했다. 촛불혁명에 의한 독재라는 소리가 나왔다.

(3) 양승동 PD를 사장으로 만들어라

KBS이사회는 2월 26일 양승동씨를 사장후보로 선출했다. 양씨는 KBS PD로 언론노조의 전신(前身)인 '사원행동' 대표와 PD협회장을 역임 했던 인물이다. 양승동 사장은 비교적 젊은 기수인 16기로, 동기들이 주로 본사 국장급이다. 양 사장은 본사에서 부장한번 해본 경력이 없다. 또한 그렇다할 프로그램 제작능력을 인정받은 것도 아니다. 주로 노동조합활동이나 PD협회장 등을 역임 하는 등 사내 정치활동에 치중해온 인물로 평가받고 있다.

양승동 사장 주변에 있는 사람들이 대부분 민주노총산하 언론노조 출신이기 때문에 양승동 체제는 언론노조의 지시를 받거나, 노조의 지원을 받아서 회사를 경영할 것이 아닌가 하고 우려하는 사람들이 많다.

양승동PD가 이사회에서 사장 후보로 제청됐을 때 언론노조는 '환영한다'는 성명을 발표했다.

기자협회, PD협회 등 사내 직능단체들도 대부분이 민주노총산하 언론노조원들이 임원을 맡고 있다. 때문에 사측과 노조가 결국은 '같은 편'이 되는 셈이다.

MBC와 마찬가지로 KBS도 '언론노조 세상'이 된 것이다. 공영방송을 노영방송으로 만들어, 정권의 홍보기관으로 이용한다는 비판이 나오는 이유가 여기에 있다.

4) 공영방송 사장과 노동조합의 '거래'

이쯤에서 KBS와 MBC등 공영방송 사장에 대한 고찰을 해 볼 필요가 있다. KBS 만하더라도 2011년 이래, 모두 4명의 사장이 법정임기인 3년을 채우지 못하고 중도에 사퇴했다. KBS는 그만큼 격동의 세월을 겪었고, 갈등과 다툼도 많았다.

(1) 사장 옹립(擁立)하고 보직 받는다

사장 교체기가 되면 제법 세상을 읽을 줄 아는 직원들은 바쁘다. 유력한 후보에게 줄을 서는 것이다. 사장이 선임되면 능력의 유무에 관계없이, 자신을 밀었거나 일정한 역할을 한 사람들에게 자리를 나눠 준다. 이런 자들이 중심이 돼서 사장의 인맥을 이룬다. 무능하고 소신 없는 사장일수록 이런 형태로 간부를 선발한다. 평소 선후배 등을 통해 유지된 사적(私的) 관계가 보직으로 이어지는 것이다.

그래서 사장과 그 주변인물들의 친소(親疏)관계에 따라 보직자를 뽑는 경우가 적지 않다. 마치 개인 기업처럼 운영하는 것이다. 이런 인사에 왜 불만이 없겠는가.

또 사장 선임 과정에서 경쟁했다가 탈락한 후보의 지지자들은, 통상 보직 등에서 배제되는 경우가 많다. 괘심 죄에 해당되는 경우이다. 그래서 이들은 한직(閑職)에서 기회를 노리고 있다가, 사장의 비리 등이 드러나면 흔들어 대며 사장 교체를 시도하기도 한다.

KBS역사상 이런 사례로 해석할 수 있는 사장교체도 있었다. 그들이 사장을 몰아낼 때는 재임 중 흠을 들어서 공격하지만, 명분은 방송민주화, 언론독립 등을 내세운다.

이런 경우는 마치 조선시대 신하들이 반정(反正)을 일으킬 때 새 임금을 골라서 세우는 택군(擇君)과 비슷하다고 하겠다. 마치 연산을 내쫓고 중종을 세운 거라든지 광해군을 내 친 신하들이 능양군을 선택하여 인조를 옹립한 것들이 그 예라 하겠다. 그 공신(功臣)들이 영화(榮華)를 누리는 것과 같은 거라고 할까.

이런 상황을 몇 번 겪고 나면 그 조직은 망가질 대로 망가진다. 이렇게 되면 사장의 권위도 없고, 간부들의 위엄도 없다. 특히 그 과정에 힘을 썼거나 기여한 직원은 실력자로서 사내에 영향력을 발휘한다. 이러다보니 역대 KBS사장 취임할 때 조용하게 취임식을 치른 경우가 없다. 한쪽에서는 거센 반대를 하며 출근저지를 하고, 또 한쪽에서는 환영하는 분위기, 극명하게 갈라진다.

위 상황은 지금처럼 회사가 정권과 결탁한 노조에 의해 장악됐다는 소리를 듣기 전의 일이다. 노조와 사측의 입장이 같거나 그 뿌리가 하나라면 노조와 사장이 같은 편이 될 것이다. 거래와 야합 할 필요도 없이 노조의 의견이 회사의 정책이 되지 않겠는가. 노영방송이라는 것이 이런 모양을 하게 된다. 특별한 사주(社主)가 없는 공기업이 이런 문제에 아주 취약하다.

(2) 노조가 커피숍, 웨딩홀, 주차장 운영

공기업은 따로 사주나 임자가 없다보니 노동조합이 터줏대감이 된다. 사장이 노조의 말을 듣지 않거나 약점을 보일 량이면 바로 공격에 들어간다. 대자보 등을 통한 비리 공개, 사퇴압박, 파업과 태업 등으로 위협하면 어지간한 사장은 그만 손을 든다. 사장의 사용한 법인카드 내역만 공개해도 타격 입을 사람이 더러 있을 것이다.

그렇다보니 사장은 노조에게 양보, 또 양보하는 것이다. KBS의 부끄러운 모습이지만 커피숍, 주차장, 웨딩홀 등이 모두 노동조합이 운영권을 가졌다. 노조원 복지를 위한다며 사측에 운영권을 내 놓으라고 해서 받은 것이다. 공기업의 노조가 얼마나 막강한 힘을 갖고 있는지 짐작가지 않는가.

지금은 덜 한 편이지만 과거에는 노동조합이 인사(人事)에 관여했다는 것이 공공연한 비밀이었다. 말하자면 어떤 자리는 노조 몫이라는 것이 있었다.

제9장 | 장악된 언론, 이렇게 보도했다

1) 문재인 정권을 옹호하다

사장이 교체된 공영방송은 문재인 정권을 비판하거나 견제하기보다는 옹호하고 칭찬하는 보도를 많이 했다. 그래서 '친(親)문재인 정권방송'이라는 소리를 자주 듣는다. 그 사례는 너무 많아서 일일이 거론하는 것이 의미 없을지도 모른다.

공영방송이 정권을 칭찬하거나 홍보하는 것이 문제지만, 또 다른 한편으로 문재인 정권의 잘못을 비판하지 않는 것은 더 큰 문제다. 가령 원전이나 최저임금 정책 등 사회적으로 반대 여론이 많은 것을 비판하거나 견제하지 않고, 정부 발표를 그대로 보도하는 것이 문제다.

정권의 홍보매체라는 비판이 나오는 이유이다.

여기서 특정 사안의 보도에서, 보도하는 방향에 따라 정권에게 얼마나 유리한 내용으로 변하는 지 살펴보도록 하겠다.

(1) MBC "사법부 블랙리스트 존재 한다"

'사법부 블랙리스트'의 존재여부를 놓고 사법부 내에서 논란이 많았다. 과거 양승태 대법원장 시절 조사결과 '사법부 블랙리스트'는 없다고 발표했다. 계속 있다는 주장을 제기하자 다시 조사한 것이다. 두 번째였다. 〈MBC뉴스데스크〉는 2018년 1월 22일 뉴스에서 사법부 블랙리스트 조사위원회 조사 결과를 보도했다. 2개월여 동안 조사한 내용이어서 다른 언론사도 비중 있게 다뤘다. MBC는 〈사법부 블랙리스트 존재... 원세훈 재판에 청(靑) 개입〉이라는 제목을 달았다. 사법부내에 블랙리스트가 존재했다는 보도이다.

내용은 지난 2015년 2월 9일. 국정원 댓글 사건으로 기소된 원세훈 전 국정원장이 항소심 재판에서 징역 3년의 실형을 받고 법정구속됐다. 이 재판을 앞두고 대법원이 당시 청와대 우병우 수석에게 재판 전망을 보고했다는 것이다.

청와대가 대법원 법원행정처에 재판이 어떻게 될 것 같은지 물었

고, 법원행정처는 재판부의 의중을 파악하려고 노력하고 있다고 청와
대에 전했다는 것이다. 그러면서 (재판결과에 대한) 예측이 어려워 불안한
입장이라고 전달했다는 것이다. 청와대 민정수석에 보고한 이 자료가
바로 블랙리스트라는 것이다.

내부동향을 청와대에 상세히 알려주었기 때문이라는 것이다. 그
리고 법원의 문건에는 판사별로 '우리 법 연구회 출신으로 강성'과 같
은 성분 분석도 있었다고 보도했다. MBC는 당일 블랙리스트 관련 보
도를 모두 6개 아이템으로 대대적인 방송을 했다. 보통 한 사안에 대
해 1-2개 아이템 정도로 보도하던 관례로 보면 아주 중요하다고 판
단 것이다.

그리고 6개 아이템 제목을 보면 〈 법원 행정처 판사회의 의장(議長)
선거에도 개입〉〈블랙리스트 끝내 사실로...양승태 '셀프 조사' 책임
론 부상〉〈법원행정처 집요한 판사독립 훼손, 법조계 '충격'〉 등의 제
목으로 뉴스를 내 보냈다.

이 뉴스를 보면 사법부블랙리스트가 존재하는 것이 맞다. 그런데
뉴스 내용을 자세히 보면, 기자는 "조사보고서 그 어디에서도 '블랙리
스트라'는 용어를 사용하지 않았다"고 보도한다. 그러면서 "법원행정
처가 판사들의 성향을 분석한 것은 불이익을 주기위한 것이 아니겠느
냐"면서 , 그것을 블랙리스트의 근거로 보는 것 같았다. 블랙리스트

가 사법부에 있었다고 추론한 것 같다. 논리적 비약이라고 보아진다. 블랙리스는 지금까지 동향보고 등의 문서에 따라, 특정업무 배제 등 구체적인 불이익이 있었던 경우에 그렇게 불렸던 것이다. 그러나 대법원에는 그런 불이익이 없었다.

(2) KBS "사법부 블랙리스트 존재여부 파악 못해"

같은 날 〈KBS뉴스 9〉는 이른바 사법부블랙리스트와 관련해 〈박 청와대 – 법원 연락정황 "원세훈 재판문의" 불만표시〉라는 기사와 〈법원행정처가 동향파악, 특정판사 성향도 조사〉 등 두 개 아이템을 보도했다. KBS는 블랙리스트를 제목으로 뽑지 않았고, 조사위원회 가 블랙리스트의 존재여부는 파악하지 못했다고 보도했다. 다만 판사들의 성향을 파악하는 것은 사법부의 독립을 저해할 소지가 있는 것으로 해석된다고 보도했다.

KBS는 추가조사위원회가 청와대에 보고한 것이 "판결 선고 전에 외부 기관(청와대)의 문의에 따라 담당 재판부의 의중을 파악하여 알려 주려 했다는 정황"이라고 해석했다는 것이다. 그러면서 추가조사위 는 "사법행정권이 재판에 관여하거나 재판에 상당한 영향을 미칠 개 연성이 있고 재판의 공정성을 훼손할 우려도 있다"는 입장을 내놨다 고 보도했다.

블랙리스트는 없었지만 재판의 공정성을 우려하는 내용을 보도한 것이다.

(3) 조선일보 "두 달 뒤졌지만 블랙리스트 없었다"

조선일보는 〈두 달 동안 법관 PC 뒤졌지만 블랙리스트는 없었다〉라는 기사를 실었다. 판사들의 성향분석은 통상 할 수 있는 성질이고, 이를 통해 구체적인 불이익을 받은 사실이 없다고 보도했다. 블랙리스트는 없었다며 조사위원회의의 무리한 조사를 비판했다.

위 내용에서 알 수 있듯이 MBC는 '블랙리스트 있었다'라고 단정했고, KBS는 '블랙리스트는 없지만 우려할 사항이다' 는 점을 강조했다. 이 보도가 나갈 당시 KBS는 민주노총산하 언론노조 출신의 새 사장이 선임되기 전이었다는 점도 고려사항이다. (사장이 교체되었다면 보도 내용이 달라졌을지 모른다)

조선일보는 '블랙리스트는 없다'고 강조한 기사였다. 언론사에 따라 완전히 다른 내용으로 보도하고 있다.

이렇게 특정 사안을 언론사의 보도행태를 비교해서 보면, 어느 매체가 정권에 유리하게 보도하는지 파악할 수 있다.

2) 북한을 좋게 보도하라

정권이 바뀐 후 공영방송의 특징 가운데 또 다른 하나는 북한에 친화적인 방송이다. 핵(核)과 미사일로 전 세계를 위협하고 있는 북한 체제에 대해 비판보다는 대화와 화해 등을 강조하는 뉴스가 많았다는 점이다.

(1) 달력으로 북한 홍보하나

MBC 최승호 사장 취임 사흘 후인 2017년 12월 11일, MBC 뉴스 데스크는 〈(단독) 2018 북한달력, '자력자강' 과시〉 뉴스를 보도했다.

북한의 2018년 달력을 입수했다며 중국 특파원을 통해 '단독' 보도했다. 내용은 새 달력에 인쇄된 사진에 불이 환하게 밝혀진 평양시내 거리와 빌딩들, 그리고 휴대전화 등 전자제품을 보여줬다. 그리고 "핵무기 개발로 국제적인 재제 등을 받는 가운데서도 잘 견디어 내고 있다"는 식으로 보도 했다.

마치 북한입장을 대변하는 방송 같았다. 일방적으로 북한을 선전하는 것 말이다.

북한의 평창 올림픽 참가와 관련해 단일팀, 공동깃발, 사전 점검 등 일련의 이벤트에 대해서도 방송들은 긍정적인 효과를 강조해서 보도 했다.

남북 단일팀에 대한 비판 여론이 고조 되던 2018년 1월 8일, MBC 뉴스는 〈단일팀, 화해의 열쇠? '일회성' 논란 극복해야〉 라는 뉴스를 방송했다.

이 제목만 보면 단일팀에 의한 '남북 화해'가 일회성이 아니라 지속되려면 교류가 계속돼야 한다는 점을 강조한 것으로 보인다. 비핵화가 전제되지 않는 남북 교류에 비판여론이 있는 점을 감안하면, 현상을 오도(誤導)할 가능성이 있는 뉴스이다.

(2) 현송월 '호들갑뉴스'

북한 삼지연 관현악단 현송월 단장의 한국 방문도 요란했다. 1월 21일 무대시설 등을 점검하러 온 현송월이, KTX를 타고 서울역을 거쳐 강릉으로 갔다. 방송사들은 속보와 특보 등을 하면서 현송월의 한국 방문을 대대적으로 보도했다.

일개 악단 단장에 대한 보도를 마치 정상급 지도자처럼 호들갑 떨었다. 경찰병력이 대거 동원 돼 경호에 나섰고, 국정원 관계자는 기자들에게 "(현송월이) 불편해 하니까 질문을 하지 말라" 는 이야기도 나왔다고 한다.

현송월 팀은 강릉 새 호텔 3개 층을 전세내 묵었다. 현송월 방문의 문제점은 그의 신분이나 지위에 맞지 않게 지나친 환대를 해줬다는 것이다. 또 언론은 현송월이를 마치 인기 연예인처럼 흥미위주로 보도했다는 점이다.

남북한 단일팀에 따른 문제점, 대북지원설, 핵위협의 여전함 등의 현안 문제점은 현송월 속에 파묻혀 버렸다.

현송월이 방문할 시점, 전남 장흥에서 서울로 여행을 왔다가 방화 사건으로 참변을 당한 세모녀의 이야기가 유튜브 등에 소개됐다. 11 살과 14살의 두 딸을 데리고 서울 구경을 온 30대 어머니가 15,000원의 싸구려 여관에 묵었다가 방화로 모두 숨진 사건이었다. 자국민은 싸구려 여관에서 자다가 불에 타 죽어갔는데, 북한의 악단 단장에게 세금으로 호화호텔 등을 대접하는 것이 이치에 맞는 것이냐는 것이다.

또 현송월이 1월 20일 남한을 방문하겠다고 했다가 갑자기 하루 전에 방문을 취소한다고 발표했다가, 실제로 하루 뒤에 왔다.

남한 언론들은 현송월의 방문취소를 작문에 가깝게 추측보도 했다. 한 신문은 1월 20일 〈현송월 오지 않는 이유가 나경원 때문?〉이라는 기사를 보도했다. 나경원의원이 남북 단일팀을 반대한다는 내용의 서한을 국제올림픽위원회(IOC)와 청와대 등에 보냈다. 신문은 현송월이가 이에 불쾌하게 생각해서 방문날짜를 바꿔버린 것이 아닌가하고 추측성 보도를 했다. 당시 언론들은 현송월이 혹 오지 않으면 어쩌나 하는 조바심마저 가졌을 정도로 현송월에게 집착한 것 같다. 정말 이상한 나라, 이상한 언론 아닌가.

(3) 김정은 사진 태우면 '명예훼손'

현송월이 강릉에서 서울로 돌아오던 1월 22일에는 서울역에서 시민들이, 김정은 사진과 인공기를 불태우는 행사를 가졌다. 시민들은 사진에 불을 붙이고 경찰은 소화기로 끄는 행동이 반복되었다. 몸싸움도 일어났다.

경찰이 행사를 주도한 사람을 '집시법'과 '명예훼손위반' 혐의로 수사한다는 방침이 전해졌다. 보수단체는 크게 반발했다. 도대체 어느 나라 경찰이냐는 것이었다. 특히 김정은의 사진을 태우는 것이 누구의 명예가 훼손 되냐며 캐물었다. 경찰이 알아서 기고 있다며 성토했다.

2016년 촛불집회가 한 창일 때, 단두대(斷頭臺)를 설치하고 박근혜 대통령의 참수(斬首) 식을 가졌는데도 경찰은 수사하지 않았다며 격분했다.

북한에 양보하고 또 양보하자 평창올림픽이 '평양올림픽'이라는 비판이 거세게 일었다. 젊은이들을 중심으로, 단일팀 반대와 '비트코인' 규제에 대한 항의 등이 어우러지면서 반 문재인 정권 정서가 확산되었다. 이때 등장한 '벌레소년'의 〈평창유감〉이라는 랩은 폭발적인 인기를 끌었다.

이 노래는 문재인 정권의 친북행보를 강하게 비판하고, 한국이 사회주의로 변할지 모른다는 우려를 랩 음악으로 불렀다는 점에서, 우파를 한 층 기대에 부풀게 했다. 이제 젊은이들도 우파로 돌아온다는 기대감이었다.

이즈음에 발표된 문재인 대통령에 대한 한 지지도 조사는 56%로 나타났다. 당선 후 첫 50%대 지지였던 것이다.

(4) 북 건군절 행사 "평창 겨냥한 것 아니다"

북한이 올림픽 개막 하루 전인 2월 8일, 대규모 열병식(閱兵式)을 한다는 소식이 전해졌다. 북한이 평창올림픽을 갖고 논다는 소리까지 나왔다. 우리가 평화를 위해 북한에 양보하고 또 양보하는데, 올림픽 개막 전에 열병식을 하는 것은 도발이라는 것이었다. 미국도 김정은이 평창올림픽을 중간에서 가로챘다(kidnap)고 말했다.

이날 〈MBC뉴스데스크〉는 〈북한 2.8 건군절 '평창 겨냥 아냐'…속뜻은 선당후군(先黨後軍)〉이라는 뉴스를 내 보냈다. 북한의 건군(建軍)절 행사는 원래 4월 25일 하는데, 2월 8일로 옮겼다는 것이다. 열병식도 평창을 겨냥한 것이 아니라고 보도했다. 북한 입장을 대변해주는 방송이라는 비난이 쏟아졌다. 왜 굳이 북한 당국이 해명해야 할 내용을, 한국 방송이 보도하느냐 는 것이다.

그 외 현송월, 김여정 김영철 등 북한 인사의 남한 방문과 관련해, 우파단체가 거세게 항의하고 시위를 벌여도, 언론들은 제대로 보도하지 않았다. 정권에 이어 언론까지 친북한이 되고 있다고 걱정하는 사람들이 늘어갔다.

3) "노조를 보호하라"

공영방송 보도의 또 다른 특징은 노동조합을 우호적으로 보도한다는 점이다.

MBC 최승호 사장과 양승동 KBS 사장은 모두 민주노총산하 언론노조 출신이다. 그래서 공영방송은 언론노조와 민주노총이 장악했다는 말이 나온다.

언론노조가 박근혜 정권 퇴진에 앞장섰기 때문에, 문재인 정권은 언론노조의 요구를 다 들어준다는 비판도 많았다. KBS와 MBC 두 방송사의 경영진자리에 노조집행부를 옮겨놓았다는 비판도 나왔다. 본격적인 노영(勞營)방송 시대라는 것이다.

최사장 취임 이틀 뒤, 〈MBC뉴스 데스크〉는 당시 파업 중이었던 민주노총산하 언론노조 KBS본부 소식을 두 개 아이템으로 방송했다. 당시 KBS이사들이 법인카드를 사적(私的)으로 사용했다는 의혹이 있다며, 감사원이 조사를 벌였다. 감사결과 강규형 이사 등이 법인카드를 사적(私的)으로 사용했다며 징계문제를 논의하던 시점이었다. 〈MBC뉴스데스크〉는 이 소식 등을 전하면서 주로 언론노조 KBS본부의 입장을 보도했다. '옆집 노조'를 도와주는 보도라는 비난이 많았다.

또 MBC뉴스는 언론노조 YTN지부가 '인사문제'와 관련해 사장과 갈등을 빚고 있다는 내용도 보도했다. 역시 노조 입장을 많이 반영했다. 방송사마다 언론노조 소속 노조원이 다수인데다, 사장까지 언론노조 출신이 되니까 그야말로 방송들이 '언론노조세상' 이 된것이다.

(1) "승무원해고 어느새 11년 째 "

〈MBC 뉴스데스크〉는 2017년 12월 27일, 〈승무원 해고, 어느새 11년…포기할 수 없어요〉라는 뉴스를 내 보냈다. KTX 승무원이 해고 된지 11년이 지났지만 복직되지 않았다는 내용이다. 이 뉴스는 어딘가 이상했다. 승무원이 해고 됐다가 11년 만에 복직했으면 뉴스가 되지만, 11년째인 지금도 해고상태인 것만으로는 뉴스요건으로 부적절했다.

뉴스는 진행되는 상황의 의미 있는 변화나, 그 상황이 10주 년, 20주 년 등 특정 시간 경과를 기준으로 보도할 수 있다. 즉 '10년이 지나도 복직되지 않았다' 라는 것은 기사가 되지만 '11년 째 해고상태이다'라는 것은 일반적으로 기사요건으로 적절하지 않은 것이다.

MBC는 해고 근로자가 있는 사업장에 대한 보도가 비교적 많았다. MBC 사장도 해고노조원 출신이다. 동병상련(同病相憐)적 이유로 보도한 것이 아닌가 하는 비판도 있었다.

(2) "해직 8년, 언젠가는 돌아간다 "

비슷한 상황은 또 있었다. 12월 28일 〈MBC뉴스데스크〉는 〈"언젠가는 돌아간다"....해직 8년, 쌍용차 해고자들〉. 12월 31일 〈해고 4천일 ..직접 만든 기타로 밴드결성〉 〈해고 노동자의 기약 없는 복직, 재판하다 지친다〉 등 해고 근로자의 사업장에 대한 보도가 이어졌다.

이 뉴스들도 마찬가지 이유로 보도한 것 같다. 해직 8년째라는 이유로 보도했다면 해직 9년째, 10년째, 11년째도 보도해야 하는 것 아닌가.

뉴스 외 프로그램으로는 〈MBC PD수첩〉이 2017년 12월, 이른바 '방송 적폐' 에 대한 보도를 했다. KBS와 MBC 내부 문제를 집중적으로 다뤘다.

이 프로그램도 지나치게 노조위주의 방송을 했다는 비판이 일었다. 그래서 '언론노조수첩'이라는 소리도 나왔다. 그만큼 편향성 시비도 많았다.

KBS노조의 파업정당성은 많은 설명을 했지만, 파업의 불법성이라든지 폭력성, 노조가 정권과 결탁한 부분에 대한 비판이 없었다. 말하자면 민주노총산하 언론노조 KBS의 문제를 같은 언론노조 MBC의 입을 빌어 보도했다. 또 옆집을 도와준 셈이다. 객관성이나 중립성과는 거리가 멀어보였다.

4) "박근혜 미워지게 하는 뉴스"

문재인 정권이 북한 친화적인 행보를 보이는 사이, 뉴스의 한켠에서는 박근혜 이명박 정권의 문제들을 고발하는 뉴스가 이어졌다. 박근혜 전 대통령은 이미 감옥에 갔으니 그만하겠지라는 생각이 무색했다. 국정원 특수 활동비와 블랙리스트, 국정교과서, 한일위안부협상 등 지나간 사안들을 마치 부관참시(剖棺斬屍) 하듯이 비판했다.

(1) 박근혜 '혐오 프레임' 작동

박근혜 전 대통령은 감옥에서 거의 1년을 보내고 있고 측근들도 대부분 사법처리 됐다. 박 전 대통령은 자기 방어에도 역대 그 어느 대통령보다 불리하다. 공정하지 못한 재판 때문에 법정출두를 거부하고 있는 상황에서, 불공정한 보도까지 대응할 수 있는 상황이 아닌 것이다.

이런 가운데 2017년 12월 28일 〈MBC뉴스데스크〉는 〈박 말 한마디에 개성공단 전면중단, 헌법도 무시〉이라는 뉴스를 방송했다. 개성공단 폐쇄를 박근혜 전 대통령의 말 한마디로 결정했다는 것과, 이는 헌법을 무시한 처사라는 것을 강조했다.

또 국정교과서와 관련해서 2017년 12월 28일, 〈MBC뉴스데스크〉에서 〈(단독) 누가 조작했나... 수상한 여론조사, 명단 입수〉라는 제목과 〈(단독) 국정교과서 여론조사 조작...오타까지 베꼈다〉라는 제목으로 국정교과서 문제를 들고 나왔다. 박근혜 전 대통령이 재임 중에 추진했던 정책들 가운데 문제가 있는 것들을 주로 보도한 것이다.

이에 하루 앞선 12월 27일에는 〈군 사이버 사령부 '총선에 전력투입' 비밀문건 공개〉 등 박근혜 정부의 사이버사령부의 선거 개입문제를 보도했다. 박근혜 정권이 댓글로 선거에 개입했다는 기사, 더 이상 뉴스가 아닐 정도로 지겹도록 보도되고 있다.

이렇게 해서 박근혜전 대통령은 삼성뇌물수수, 미르. K 스포츠 재단 대기업 출연 강요, 국가정보원 특수 활동비 수수 등 혐의가 모두 21개나 된다. 그야말로 박 전 대통령의 모든 통치행위가 사법 처리 대상이 된 것이다.

(2) 보수회원 "삭발하면 2백만 원"

보수단체를 비난하는 뉴스도 이어졌다. 1월 16일 방송된 뉴스에서는 〈전경련, 어버이 연합에 3억 원 넘게 지원…돈 세탁 정황도〉라는 뉴스가 방송됐다. 또 같은 뉴스에서 〈'삭발하고 2백만 원'…어버이 연합, 돈 받고 관제시위〉 등 보수단체 수사내용을 보도했다.

전경련이 보수 단체를 불법 지원했고, 보수단체 회원들은 돈 받고 삭발(削髮)했다는 것이다. 돈 때문에 데모했다는 소리로 들린다. 그러니 이 단체들이 이제 바깥에서 무엇이라고 외쳐댄다고 해도 주목할 사람들이 있겠는가.

이런 뉴스는 박근혜 전 대통령과 함께 보수 전체를 혐오하게 만드는 뉴스로 보인다. 또 지금 우파가 힘 못쓰고 있는 것도 이런 뉴스가 기여한 바가 크다고 본다. 그리고 앞으로 이런 뉴스 내용도, 반드시 검증해 보아야 할 것이다.

'박사모' 관련자들이 상당수 사법처리를 받았다. 박근혜 대통령 탄핵저지 집회 도중 폭력시위를 주도했거나 불법모금을 한 혐의 등으로 구속된 것이다. 그러나 촛불집회를 주도했다가 처벌 받았다는 사람이 있다는 소리는 듣지 못했다. 집회 도중에 경찰차를 부수는 등 과격 행동을 했던 것으로 기억되는데, 구속됐다는 뉴스를 들어본 적이 없다.

그런데도 우파들이 집회나 시위를 하면서 불법행위를 했다는 뉴스는 계속 이어지고 있다.

5) 이명박 구속 '프로젝트'

박근혜 전 대통령 뉴스가 조금씩 줄어들면서 이명박 전 대통령에게 대한 뉴스가 점차 늘어갔다. 개인의 부정과 부패과련 뉴스가 주류를 이루었다.

'이명박 전 대통령의 비리는 산덩이 같은데 호화생활을 하고 있다' 또 '노무현 전 대통령의 자살에 직간접 연관이 있다' 는 것이 좌파에서 보는 이명박 관(觀)이 아닐까 싶다.

좌파들은 집권 초기부터 이명박 대통령을 공격했다. 초기에 나왔던 이른바 '광우병 파동'도 수입산 미국소의 문제라기보다 이명박 정권 공격이 더 적절한 설명이 아닐까 싶다. 당연히 광우병 보도는 그

후에 상당부분 거짓 보도였다는 것이 판명되었다. 당시의 공격은 집요했다. 여기에 타격을 입어서였는지 이명박 정권은 이념문제에 대해서는 아주 소극적으로 대처했다. 스스로 '실용정부'라고 부르며 자세를 낮췄다. 상대방이 걸어오는 싸움도 피했다. 4대강 사업도 당초 '운하'를 추진했다가 반대세력이 저항하니까 '사업'이라는 말로 바꿔버렸다.

(1) "다스는 누구 겁니까 "

반대 세력들의 이명박 전 대통령 공격에 빠지지 않는 것이 '다스'이다. 다스는 이명박 전 대통령의 가족들이 경영하는 자동차 부품회사로, 누가 주인인지 명확하게 발표한 적이 없다. 도곡동 사저, BBK, 다스 등을 조사하는 과정에서, 이명박 전 대통령의 영향력이 크고, 관련자의 증언이 나오면서 실 소유자로 특정되어갔다. 언론들도 다스가 이명박 전 대통령 소유인 것을 입증하느라 애썼다. 어떤 팟 캐스트는 〈다스 뵈이다〉라는 제목으로, 이명박 정권의 비리문제 등을 연속 조명했다.

검찰 수사도 다스에 초점이 맞춰졌다. 이른바 '이명박 잡기'이다.

1월 24일에는 〈MBC뉴스데스크〉에서 톱으로 〈단독〉 다스 부사장

"다스는 MB것" 통화내용입수〉라면서 보도한 것을 비롯해 무려 10개 아이템을 이명박 전 대통령과 관련한 보도였다. 날씨를 포함해 보통 하루에 29개 정도의 아이템이 〈MBC뉴스데스크〉를 통해 보도되는 점을 감안하면 무려 1/3이상을 이명박 관련 뉴스로 채웠던 것이다.

이틀 뒤인 1월 26일에는 밀양 화재참사로 뉴스가 폭주한 상황인데도, 〈(단독) MB 피의자로 전환..올림픽 전 소환 하나〉등 모두 8꼭지를 보도했다. 박근혜 전 대통령과 마찬가지로 관련 언론 보도가 이어지고 나서 소환하는, 일정한 패턴을 보이는 것이다. 언론보도를 통해 이미 범죄자라는 것을 기정 사실화시킨 뒤 사법처리하는 것이다.

평창 올림픽이 끝나자 이명박 전 대통령에 대한 기사는 뉴스에서 빠지지 않았다. 거의 매일 보도 되었다. 탄핵 때 '박근혜 죽이기'는 이제는 '이명박 죽이기'로 바뀐 것 같았다.

이명박 전 대통령은 3월 14일 검찰에 소환됐다. 언론과 검찰의 '노력'으로 또 한사람의 전직 대통령이 포토라인에 섰다. '저들'이 그렇게 바라 던 바 아니던가. 이명박 전 대통령이 소환되던 날 밤 KBS 1TV 는 〈MB의혹 법 앞에 서다〉를 방송했다. 프로그램 전체를 관통하는 메시지는 '이명박을 구속하라'로 보였다. 그동안 검찰에서 흘렸던 이전 대통령의 혐의를 모두 열거한 수준이었다. 일방적인 주장을, 반론 없이 보도했다. 그야말로 이명박 죽이기는 프로그램 같았다.

(2) 두 대통령의 같은 운명, 다른 길

박근혜와 이명박 전 대통령에 대한 사법처리는 우파 궤멸의 상징이 되었다. 두 전직 대통령의 비리는 우파의 비리로 비추이고 그래서 우파는 더 부끄러운 것이다. 그런데 사실 언론이 전해준 비리가 진실일까. 앞으로 역사가 증명하고 또 검증할 것이다.

이명박과 박근혜 두 전직 대통령은 같은 보수의 지붕아래 있었지만 사이가 좋지 않았다. 두 사람은 과거 대선후보로서 경쟁관계에 있었고, 상대가 대선에 당선됐을 때는 자기 계파 국회의원들이 공천 등에서 불이익 당하는 것을 지켜본 사람들이다. 그 반대도 마찬가지였다. 친이(李), 친박(朴)이 돌아가며 불이익 당하며 분노를 키웠던 셈이다.

한국 정서에 '아름다운 경쟁'이라는 것은 구호일 뿐, 실제로 경쟁하다가 적이되는 경우를 많이 봤다. 우파가 우선 정치권에서부터 갈라진 것이다. 그리고 박근혜 대통령이 탄핵이라는 위기를 맞이 했을 때, 여권은 단결은커녕 보란 듯이 분열했다. 결국은 대통령은 탄핵됐고 구속됐다.

그 나머지 한 명의 또 대통령도 사법처리를 받고 있다. 둘 다 아무런 저항이나 힘도 없다. 똑 같은 운명이다. 두 사람이 한때는 70%가 넘는 지지를 받으며 우파의 상징이기도 했지만, 지금은 좌파들로부터 조롱거리가 됐다. 마치 머리카락이 잘린 삼손이 적들 앞에서 맷돌을 돌리는 모습 같다.

범죄행위는 처벌받아야 하겠지만, 그것이 정치 보복이라면, 다른 이야기이다. 세상에서 털어서 먼지 나지 않는 사람이 없다. 하물며 5년을 대통령으로 재임했던 사람을 털면 무엇이 나오지 않을까. 두 전직 대통령이 비리만으로 처벌받는다고 생각하는 사람이 얼마나 될까. 보복, 그것은 절대로 '보복'이라고 말하지 않으면서 보복한다는 것을 우리는 안다.

지금은 야당이 분열돼있고, 또 우파가 분열돼 있으니까 그 어떤 명목으로 탄압과 처벌을 해도 당하고 있어야 하는 것, 이것이 가장 견디기 힘든 고통이리라. 뭉치고 합치지 못했던 대가, 앞으로 얼마나 더 지불해야 할지 모르겠다.

제10장 | KBS에서 일어난 이상한 일들

시간을 다소 되돌려 KBS 파업 이야기를 살펴보겠다.

문재인 정권 출범 후 사장 사퇴 등을 요구해온 민주노총산하 언론노조 등이 2017년 9월 초에 걸쳐 파업에 들어갔다. 사장 퇴진을 통해 KBS내 적폐세력을 청산한다는 것이었다.

상대적으로 이념성향이 덜한 기술직 위주의 KBS노동조합은 12월 중순에 파업을 풀고 업무에 복귀했다. 민주노총산하 언론노조KBS본부는 해를 넘겨 2018년 1월 24일에 복귀했다. 약 150일 만이다. 사장이 해임됐기 때문에 들어온 것이다.

1) 보도위원회와 '정치보복 취재단'

노조원들은 간부들이 적폐로서 청산대상이기 때문에, 지시에 따를 수 없다며 자신들이 만든 비상대책위원회 등의 지시를 받겠다고 했다. 자치(自治)하겠다는 말이다.

기자들이 간부들의 지시를 받지 않겠고 하면서, 기자협회와 보도본부장 사이에 이른바 '보도위원회'를 가동해 특별취재팀을 운영하기로 했다. 기존에 없던 조직을 만든 것이다.

적폐청산을 위해 6개 특별취재팀을 만들기로 했다. 특별취재팀은 〈다스〉〈국정원〉〈세월호〉〈전 정권비리 〉〈방산 및 국방비리〉〈여성인권 〉 등이다. 6개 팀은 대부분이 언론노조 KBS본부 소속 기자 40여명으로 구성됐다.

2) 전 정권비리만 취재 한다

6개 팀은 마치 문재인 정권의 '정치보복'을 취재하기 위해 만들어진 것 같았다. 명칭이 그렇고, 6개 팀 성격이 대부분 과거 정권 청산과 비슷한 것들이었다. 그래서 KBS가 문재인 정권의 '과거정권 정치보복'에 앞장선다는 비판을 받았지만 아랑곳하지 않았다.

세월호 사고가 일어난 지 4년째, 또 다시 〈세월호〉 취재팀을 만들어 뭘 더 취재한다는 것인지. 문재인 정권에서 일어난 대형 참사인 '제천 스포츠시설 화재', '밀양 세종병원 화재', '낚시 배 전복사고' 등으로 100명이 넘는 사람이 희생됐는데 왜 문제점을 취재하지 않는가. 의아한 것들이 한 둘이 아니었다. 세월호로 숨진 사람과 화재로 희생된 사람들이 무엇이 다른가.

기자협회 등의 눈에는, 이명박 박근혜 정권에서만 일어난 일들만 적폐로 보이고, 문재인 정권에서 일어난 잘못된 일들은 문제가 되지 않는 듯 했다.

문재인 정권의 〈비트코인 문제〉〈홍진호 미스터리〉〈임종석과 UAE미스터리〉〈원전정책 문제〉〈최저임금 문제〉 등 여러 의혹과 정책적 오류 등에 대해서는 왜 취재팀을 꾸리지 않는가. '과거정권비리'를 파헤치면서 왜 살아있는 현재 권력에 대해서는 침묵하는지, 그 이유를 알고 싶다. 이해하지 못할, 이상한 일들이 지금 대한민국에서 일어나고 있다.

3) 기자협회가 나서다

그리고 또 하나의 의문은 도대체 기자협회가 무슨 권한으로 취재

기구와 조직을 짠다는 것인가. 기자협회는 기자들끼리 친목을 도모하기 위해 만든 임의단체이다. 각 회원이 월 회비를 내는 친목단체이지 회사의 조직도, 결재라인에 들어있는 기구는 더욱 아니다. 그런데 기자협회가 보도본부장과 합의했다면서 저런 조직을 만들어 운용하는 것 자체가 문제다.

상당수 기자들이 기존 결재자가 아닌 자신들이 내 세운 선임 기자의 지시를 받았다. 그러면 기존 지휘라인이 붕괴되는 것은 당연한 것 아닌가. 조직 파괴는 이렇게 하는 구나 싶을 정도다. 이런 분위기를 견디다 못한 간부들은 사퇴하겠다며 자리에서 물러났다. 이때 물러난 정치부장은 광고부서 직원으로, 스포츠 국장은 방송문화연구소 연구위원으로, 그리고 영상취재국장은 카메라기자로 자리를 옮겼다. 모두 한직이다. 이때는 언론노조 출신의 사장이 청문회 등을 거치지 않아 정식 임명되기 전이었지만 이런 인사가 났었다. '자치 조직' 등 듣지도 보지도 못했던 일들이 KBS에서도 일어나고 있었던 것이다.

간부들의 지시를 받지 않을 뿐 아니라 자신들이 적폐라고 생각하는 사람들은 만나도 인사도 하지 않았다. 같은 직장에 다니지만 입장을 달리하는 사람들은 원수나 유령이 된 것이나 마찬가지로 보였다.

제11장 평창올림픽과 '평양올림픽'

　강원도 평창에서 2월 9일부터 2월 25일까지 열린 평창올림픽은 경기 못지않게 한국과 미국, 그리고 북한 사이의 얽히고설킨 힘겨루기가 진행된 무대이기도 했다. 국제적인 제재를 받고 있는 북한이 평창올림픽에 참가한데다, 우리 정부가 북한과는 '대화' 미국과는 '협력'을 유지하느라 아주 애쓴 대회이기도 했다.
　정치를 배제한다는 올림픽이 정치 무대가 되어버렸다.

　당초 북한 핵 문제를 놓고 충돌할 것 같은 미국과 북한 사이에 우리 정부가 끼어들어 대화국면을 만들려고 했다. 이 과정에서 남한이 북한에 지나치게 친화적이었고 반대로, 전통 우방인 미국과는 거리를 두었다. 현송월, 김여정의 초청에 이어, 폐막식에 천안함 폭침과 연평도 포격의 주범으로 알려진 김영철도 한국을 방문했다. 우파는 물론 야당도 크게 반발 했다. 앞서 공영방송의 북한 친화적인 보도 문제를 살펴보았지만 여기서는 평창올림픽 문제를 중심으로 북한 보도에 대해 살펴보기로 한다.

1) 김여정, "고급스럽고 품위 있다"

北, 김여정 파견 '깜짝 통보'…백두혈통 첫 서울 방문 (KBS 뉴스9)
올림픽 개막식에 김여정 온다…'백두혈통' 첫 방문 (MBC 뉴스데스크)
'김정은 여동생' 김여정, 평창 온다…백두혈통 첫 방남 (SBS 8시 뉴스)
김정은 동생 김여정 평창에 온다…'힘 실린' 북 대표단 (JTBC뉴스룸)

김정은의 여동생 김여정의 한국 방문을 앞두고 2018년 2월 7일, 주요 방송사들이 뽑은 뉴스제목이다. 마치 김여정을 기다렸다는 듯한 뉴스 제목들이다.

적대국가의 2인자를 묘사하는 것이라고 보기에는 감성적인 내용의 기사가 많았다. '백두혈통'이라는 말은 북한 내부에서 강압적 '철권통치'를 정당화하기 위해 사용하는 용어인데, 버젓이 뉴스 제목으로 뽑았다. 한국 언론들의 북한 우호적인 태도는 기사 곳곳에 나타난다.

아래는 한 통신사가 2월 2일자 보도한 내용이다.

"김여정, 차분하면서도 고급스러운 스타일로 품격 연출"

2018 평창 동계올림픽을 맞아 9일 방남한 김정은 북한 노동당 위원장의 여동생인 김여정 당 중앙위원회 제1부부장은 차분하면서도 고급스러운 스타일로 품격을 연출했다. 김여정은 이날 칼라와 소매에 모피가 달린 짙은 색 롱코트와 검정 부츠를 신고 인천국제공항에 도착한 후 KTX 편을 이용해 동계올림픽 개막식이 열리는 강원도 평창으로 향했다. 머리는 꽃핀으로 단정하게 묶고, 어깨에는 체인백을 멨으나 그 외 특별한 액세서리는 하지 않았다. 화장도 꼼꼼하지만 수수하고 자연스럽게 마무리했다. 패션업계 관계자는 "단아하고 깔끔한 느낌의 검정색 롱코트는 칼라와 소매 부분이 밍크(모피)로 장식돼 과하지 않은 고급스러움이 느껴진다"며 "아이보리 스타킹에 검정 부츠를 신어 여성스러움과 격식을 갖춘 느낌을 드러냈다"고 평가했다. 이 관계자는 "앞서 방남한 현송월과 마찬가지로 우리나라 여성들은 잘 신지 않는 아이보리 스타킹을 신은 것으로 볼 때 북쪽에서 유행하는 것이 아닐까 생각 된다"고 분석했다.
(이하 생략)

김여정을 아주 좋게 묘사했다. 화려, 단아, 여성스러움, 수수, 자연스러움, 절제 등 온갖 좋은 형용사가 다 동원됐다. 치켜세우는 표현으로 보인다. 지난 1월 현송월이 왔을 때와 마찬가지로 언론들은 지나칠 정도로 겉모습에 치우친 기사를 많이 내 보냈다. 김여정에 대한 이런 표현은 뒤에 방한(訪韓) 한 미국 트럼프 대통령의 장녀 이방카와 대조를 이뤘다. 현송월, 김영정에 비하면 이방카는 언론의 주목을 거의 받지 못한 편이다.

이런 기사는 김여정이 북한독재자의 배후 실력자라는 것을 잊게 한다. 북한 정권이 얼마나 반인륜적인 것인가 하는 것은 새삼 말하지 않아도 아는 것이지만, 기자들만 모르는 것 같다. 김여정의 표정이나 차림새가 뭐 그리 중요하고 또 궁금할까. 기자들은 그녀가 북한에서 무슨 일을 하고 있는지 모르고, 마치 연예인 대하듯 보도하는 것 같았다.

2) '적군 수괴'(首魁)에게 군사도로 제공하다

현송월과 김여정이 개막식에서 남한 사람들의 혼을 빼놓을 듯 부산스러웠다면, 폐막식에는 김영철이 문제였다. 천안함 폭침의 주인공이라는 점에서 유족은 물론 야당과 보수시민단체의 반발이 거셌다. 야당과 시민단체가 김영철이 내려오는 길을 막고 밤샘시위를 벌였다.

당국은 김영철에게 군사도로를 내주어 돌아서 들어오게 했다. 적군의 수괴(首魁)에게 아군(我軍)의 군사시설을 이용하게 한 것이다. 일각에서는 적군에게 한국군의 무릎을 꿇게 한 사건이라고 말했다.

이런 가운데 통일부가 김영철이 천암한 폭침의 주범이라고 명확하게 밝혀진 바가 없다고 밝혀 국민들의 공분(公憤)을 샀다. 천안함 사건의 국제조사단이 북한의 소행으로 규정했고, 그 배후는 북한 인민군 정찰총국이고, 그 책임자가 김영철이라는 것을 누누이 강조해온 터였기 때문이다.

게다가 당국이 김영철에게 특별 편성된 기차를 제공하는 등 정상급의 경호와 의전에 국민들은 격분했다. 천안함 유족들은 청와대로 행진하며 대통령의 면담을 요구했지만, 받아들이지 않았다.

미국은 김영철이 한국을 방문하기 전에 추가 제재를 발표했다. 북한의 비핵화를 전제로 하지 않는 대화는 의미 없다는 점을 분명히 했다. 이런 상황에서 김영철은 한국 방문 이틀째부터, 호텔방에서 나오지 않았다. 두문불출(杜門不出)이었다. 이에 우리 안보실장과 통일부장관 등 관련인사들이 호텔로 김영철을 찾아가서 면담하는 진풍경이 연출되기도 했다.

김영철이 묵었던 워커힐 호텔의 스위트룸은 하루 숙박비가 1800

만원이 넘는다는 말도 나왔다. 천안함 용사들의 영령이 어찌 땅속에서 편히 쉬었겠는가.

3) 김영철은 천안함 주범 아니다

일부언론들은 2014년 박근혜 정권 때 군사회담을 하면서 김영철과 만났다는 것을 강조하면서, 김영철의 방한을 문제 삼는 것을 거꾸로 비판했다. '내로남불'식 접근이라는 것이다. 그러나 분명히 다르다. 2014년에는 판문점에서 열린 군사회담에 참석했고, 올림픽 사절로서 온 것과는 다르다. 2014년에는 우리가 천안함 도발을 인정하고 사과하라고 요구했지만, 2018년에는 천안함에 대해 묻지도 따지지도 않고, 서울의 최고급 호텔에 귀빈으로 모셨다. 정상급 예우를 해준 것도 분명히 달랐다.

일부 언론들은 이런 내역을 무시한 채, 과거와 달라진 바가 없으니 김영철과의 대화는 해야 한다는 입장을 되풀이했다.

MBC는 2월 23일 〈MBC뉴스데스크〉에서 〈김영철 '천안함 주범' 추측일 뿐 단정 못해...대화가능〉라는 제목으로 보도했다. '천안함 조사 공식보고서'에는 북한 인민군 정찰총국이 주도했다는 내용도 없고, 김영철이라는 이름도 등장하지 않는다고 보도했다. 따라서 김영철이 천안함 폭침의 주범이라는 증거가 없다는 식으로 보도했다. 직접적인 증거가 없기 때문에 주범으로 단정할 수 없다는 것이다. 북한의 입장을 반영한 것으로 보인다. 이런 보도를 평양이 아닌 대한민국 서울, 그것도 공영방송이라는 곳에서 했다.

4) 공연, "남북은 하나다"

이에 앞서, 북한 공연예술단의 남한 방문과 관련해서는 아래와 같은 제목의 기사들이 방송되었다.

北 응원·기자단도 도착…"힘 합쳐 잘합시다" (KBS 뉴스9)
13년 만에 온 北 응원단…환영 만찬 참석 (MBC 뉴스데스크)
모습 드러낸 예술단…털모자에 붉은 코트, '미소' 짓기도 (JTBC 뉴스룸)
응원? 보시면 압네다…北 예술단, 한국 가요도 연습 (SBS 8시 뉴스)

북한 응원단의 외모와 표정 등에 대한 기사가 많았다. 예쁘장한 얼굴의 단원들에게 마치 홀린 것 같이 선정적인 보도가 많았다.

2018년 1월 9일, 〈KBS 뉴스9〉에서 〈북 예술단 공연…체제 선전 빼고 민족, 통일 부각〉을 보도했다. 그 기사 일부를 보면 아래와 같다.

[앵커멘트]북한 예술단의 강릉 공연이 마무리됐습니다. 북한은 정치적 메시지를 효과적으로 전파하기 위해 종종 공연을 활용하는데요, 이번 공연에서는 '하나의 민족'과 '통일'을 집중 부각했습니다. ○○○기자가 공연 내용을 분석했습니다.

[리포트 원고]한반도 지도와 무지개를 배경 삼아 시작된 첫 곡, '반갑습니다'.["반갑습니다. 반갑습니다."]장기간 남북 교류가 막힌 탓인지, 그리움을 주제로 한 노래가 여럿 포함됐습니다.

["J, 난 너를 못잊어"]이선희의 'J에게'와 북한 노래 '새별' 등입니다.노래 사이 등장한 사회자는 민족 정서를 강조합니다.["하나의 민족이라는 혈연의 뜨거운 정을 안고 이 자리를 같이하고 있습니다."]힘든 고비를 함께 넘어보자는 내용의 '홀로 아리랑'.["손잡고 가보자. 같이 가보자."]줄곧 '우리 민족끼리'를 주장해온 북한은 공연 막바지에 통일의 메시지를 담았습니다.["통일, 통일이어라."]마지막 곡 '다시 만나요'는 이산가족 상봉 장면을 배경으로 띄웠습니다. 16년 만에 찾아온 북한 예술단, 남측 가요를 여럿 부르고 체제 선전 곡은 빼는 등 최대한 유연한 모습을 보였습니다.(이하 생략)

그리움을 주제로 한 노래가 많은 것은, 오랫동안 남북 간의 교류가 막혔기 때문이라는 해석이 그럴듯하게 보인다.

"혈연의 뜨거운 정을 함께 하자"고 한 사회자의 말을 보도에 집어넣었다. 또 '홀로아리랑'을 힘든 고비를 함께 넘어보자는 의미로 해석한 것은, 노래보다 해석에 더 큰 의미를 둔 것으로 보인다.

그리고 북한 공연단이 곳곳에 민족이라는 말을 강조한 것이나, 남과 북이 하나가 되자는 것을 부각시킨 것도 모두 통일을 염원하는 것이다.

위 기사에서 북한 공연단은 공연 할 때에, 북한 체제를 선전하는 곡을 빼는 유연함을 보였다고 했는데, 다른 신문에는 막판까지 선곡(選曲)을 놓고 남북이 치열한 대립을 했다는 기사를 실은 곳도 있었다. 북한에 대한 남한 언론 보도는 대체로 북한을 실제보다 더 좋게 해석하고, 또 더 많이 이해하려는 것으로 보인다.

5) 여자 화장실까지 취재하는 언론

북한 응원단이 2월 8일 만경봉호를 타고 묵호항에 도착했다. 당초 육로로 온다고 알려졌지만 전격적으로 배로 바꿨다. 버스로 다시 평창으로 이동했는데, 이날 오후 2시쯤 경기도 가평 휴게소에 들렀다.

여기서 이들이 화장실을 찾았는데 일부 기자들이 화장실까지 따라가서 사진을 찍으며 취재한 것이다.

〈꽃단장은 필수〉, "북한 응원단이 7일 오후 가평휴게소에 도착해 거울을 보며 단장하고 있다"
이날 한 통신사가 전송한 기사내용이다. 사진도 함께 보냈다.

아무리 북한 보도에 빠져 있다고 하지만 화장실에서 거울을 비춰보며 옷매무새를 단장하는 여성들을 취재한 것은 지나쳤다. 북한 여배우들이라면 마치 천사라도 만난 듯, 찬양하거나 신비한 것으로 묘사하는 태도가 문제다.
해당 사진기사가 나오자 비난의 목소리가 높았다. 통신사는 나중에 해당 사진을 내렸다.

6) "미국 부통령은 예의가 없다 "

마이크 펜스 미국 부통령이 평창 올림픽 개막식에 참석하기 위해 방한하자 보수단체들은 그의 이동시간에 맞춰 팽택 미국기지로 몰렸다. 한국과 미국은 혈맹이며, 미국에 감사한다는 현수막 등을 들고 환영했다. 부통령을 만나지 못했지만 보수 단체 회원들은, 열렬히 환영했다.

남한 정부의 친 북한 행보는 계속되고, 야당은 별다른 견제를 하지 못하는 상황이 되자 우파들은 미국에 강한 기대를 걸고 있는 것 같았다. 노골적으로 북한을 폭격하라는 현수막을 든 사람도 있었다. 기댈 곳이 없다고 판단한 국민들은 미국을 쳐다보고 있는 것이 아닌가 싶다. 우파들의 안타까운 현실이다.

(1) 미국 부통령에 감동하는 사람들

펜스 부통령은 2월 9일 저녁 문재인 대통령이 베푼 만찬장에 아베 일본 총리와 함께 늦게 도착했다. 만찬장에 들러 다른 정상 등과 악수를 하고는 5분 여 만에 떠나버렸다. 북한의 김영남 등에는 눈길도 주지 않았다. 만찬장에는 펜스 부통령과 북한 김영남 등이 마주 보도록 자리가 배치돼있었다.

당초 미국 부통령은 북한 대표와 마주치지 않도록 동선(動線)에 신경 써 달라고 부탁했다고 한다. 그런데도 미국과 북한이 마주 앉도록 자리가 배치되자 그냥 나가 버린 것이다. 북한과는 대화하지 않겠다는 것이다. 이 소식이 전해지자 보수 측 시민들은 환호했다. 미국 부통령이 북한에 단호한 태도를 보여줘 고맙다는 것이다. 북한에 끌려

다니는 우리 정부와 달리 강단 있는 모습에 감동한 것이다.

상당수 한국 언론들은 미국 펜스부통령이 외교적 결례를 범했다고 비난했다. 만찬장에 늦게 도착하고 또 일찍 떠난 것이 상례에서 벗어났다는 것이다. 핵으로 위협하는 북한에 굽신 거리는 것이 예의만은 아닐 것이다. 외교문제에서의 모든 행동은 예의의 문제 이전에 정치적인 메시지이고 전략인 것이다.

(2) 공산주의자는 '대화' 아닌 '대적'

이에 앞서 마이크 펜스 미국 부통령은 평택 해군 2함대 사령부를 방문해 탈북자 지성호 · 지현아 · 이현서 · 김혜숙씨 등 4명과 만났다. 또 북한에 억류당했다가 사망한 고(故) 오토 웜비어의 부친 프레드 웜비어씨도 면담에 참석했다.

펜스 부통령은 자신이 만나야 할 사람들은, 공산주의와 싸우고, 또 목숨 걸고 북한을 탈출한 사람들이라는 것을 보여줬다. 공산주의와는 대화하는 것이 아니라 대적해야 하는 것을 안팎으로 시위하듯이 보여줬다.

이 자리에서 펜스 부통령은 탈북자들의 용기를 치하 한 뒤 "여러분들은 자유를 갈구하는 수 백 만 명의 사람들을 대변 한다"고 말했다. 또 "이 사람들과 그들의 삶이 증언하듯, 북한은 자국 시민들을 가두고, 고문하고 굶주리게 하는 정권"이라고도 규정했다.

펜스 부통령이 이들 탈북자들을 만나 북한 인권 문제 등을 거론한 것은 미국의 입장을 분명하게 밝힌 것으로 보였다. 또한 이것이 남한을 방문한 북한 인사들에게 보낸 메시지이기도 했다. 보수단체들은 우리 정부가해야 할 일을 미국 부통령이 대신하고 있다고 말했다.

7) 숨겨진 뉴스, 미─북 대화 두 시간 전 '불발'

펜스가 미국으로 돌아간 뒤, 미국 측에서 펜스와 김여정의 '대화 불발'소식이 보도됐다. 워싱턴 포스트는, 김여정과 펜스 미국부통령은 2월 20일 비밀 회동을 할 예정이었지만 회담 2시간 전에 북한이 일방적으로 취소해 버렸다는 것이다.

미국 측은 이를 확인했는데 한국 정부는 언급이 없었다. 한국이 중재(仲裁)를 섰는데 막판에 북한이 거부해 버려 난감해진 것으로 전해졌다.

상황을 종합해보면, 우리 정부가 미국과 북한의 대화를 어렵사리 주선했는데, 펜스 부통령이 공개적으로 탈북자를 만나는 등 북한을 자극했다. 이에 북한은 한국의 주선에도 불구하고, 미국 측의 태도를 이유로 일방적으로 만남을 취소한 것이다.

미국으로서는 비핵화를 전제로 한 대화도 아니었고, 한국이 주선을 강하게 하니까, 북한과 대화를 해보기로 한 것 같았다. 그러면서 펜스가 북한에게 거슬리는 행동도 거리낌 없이 하니까 북한은 만남을 포기했고, 미국도 상관없다는 식으로 나온 것으로 보인다. 다급했던 것은 한국이었을 것 같다. 미-북 대화를 통해 뭔가 돌파구를 마련해보려고 했는데 불발됐기 때문이다.

8) 면담 때 '대본' 읽는 대통령

문재인 대통령이 마이크 펜스 미국 부통령을 만나서 대화하는 화면에 이상한 점이 포착됐다. 문 대통령은 종이를 들고 읽고 있고, 펜스 부통령은 다른 곳을 보고 있는 것이었다. 그 뒤에 통역이 앉아 있다. 언론에 잠깐 비취고 지나간 이 화면을 유튜브와 SNS등에서 자세히 보도했다. 대통령이 이른바 '대본'을 보면서 면담한다는 것이다.

(1) 문 대통령 '대본 면담', 건강 의구심

면담 때 주로 의례적인 인사말을 하는 것을 감안하면, 상대를 옆에 앉혀놓고 종이를 보고 읽는 다는 것은 건강이 좋지 않을 경우가 아니라면 하지 않을 행동이다. 여러 가지 억측이 나왔다. 문제는 이것이 처음이 아니라는 데 있다. 문재인 대통령은 안드레이 두다 폴란드 대통령, 베르세 스위스 대통령 등 다른 외국 정상들과의 면담에서도 비슷했다고 한다.

정상회담에서도 비슷하게 나타났다. 같은 날 2월 9일 오후 강원도 용평리조트에서 아베 총리, 마크루터 네덜란드 총리 등과도 정상회담을 가졌다. 그 때도 문 대통령은 종이를 읽는 모습이 포착되었다고 한다. 정상 간 대화는 한번을 하더라도 친밀감을 갖는 것이 중요하다.

상대가 종이를 들고 읽는다면 그 반대편에서 받는 느낌은 어떠할까. 보기에 따라서는 심한 결례가 될 수도 있다. 종이에 메모해야 알 수 있는 날짜나 숫자 등을 읽는 것이라면 모를까, 안부와 인사 등을 메모를 보면서 했다면 심각한 상황이 될 수도 있다.

문재인 대통령은 대선 기간에도 건강이상에 대한 의혹을 받았다. 그러나 건강에는 이상 없다고 해명했다. 그러나 '대본 면담'으로 다시 건강에 대한 의구심을 불러왔다. 청와대는 대통령 건강에 대해 이상이 없다고만 말하고 있다.

(2) '프롬프터 기자회견' 논란

대통령이 신년 기자회견을 할 때, 대통령 양 옆에 대형 프롬프터 2대가 설치돼 논란이 있었다. 프롬프터는 글씨를 확대해주는 장비이다. 야당은 당시, 대통령이 기자들의 질문을 받고 프롬프터에 적힌 글씨를 읽었다며, 누군가가 적어준 답을 읽었다는 것이다. 이런 지적에 대해 청와대는 2개 이상의 질문이 나올 때, 이를 정리해서 올린 것이라고 말했다.

청와대 말대로, 질문이 많을 경우 메모해서 알려주었다고 해도, 문제는 된다. 대통령이 2개 이상의 질문들을 받더라도, 메모해서 답변할 수 있어야 하고, 만약 놓쳤더라도 다시 질문 내용을 물어보면 된다.

그게 아니라 만약 야당의 주장대로 질문의 답을 누가 적어서 올려줬다면, 이는 심각한 상황이다. 답을 다른 사람이 적어서 올린다는 것은 질문을 미리 받았다는 것일 수 있다. 사전에 질의응답을 짜고 하지 않았다는 것이 거짓말이 된다.

또 즉석에서 참모가 답변을 메모해서 올려줬다고 해도, '커닝'하는 것이기 때문에 문제가 된다. 주요 신문과 방송들은 이런 내용에 대해서 거의 문제제기를 하지 않았다.

대통령이 프롬프터를 본 것이, 기자들의 질문이었는지, 아니면 누가 대신 적어준 답변이었는지 청와대 기자들이 취재해서 알려줘야 한다. 또 대통령의 건강이 어떤지에 대해서도 알려줘야 하는 것이, 국민의 알권리를 보장해주는 것이 아닌가.

9) 만경봉호에 트럭으로 뭘 실었나

북한 응원단이 만경봉호를 타고 묵호항으로 들어온 날, 보수단체 회원들이 유튜브로 생중계를 했다. 차단막을 친 상태에서 20톤쯤 돼 보이는 대형트럭 5대가 만경봉호로 들어가는 것이 목격되었다. 당시 많은 사람들이 이 내용을 방송사 등에 제보했지만 제대로 보도되지 않았다고 한다.

그렇지 않아도 문재인 정부가 북한에 퍼 줄 것이라고 우려하던 국민들은 틀림없이 북한에 뭔가를 실어줬을 것이라고 추측했다. UN의 대북 제재 때문에 거의 봉쇄 당하다시피 한 북한이, 기댈 곳은 한국뿐이라는 것은 이미 다 아는 사실이다. 때문에 당시 만경봉호에 대형 트럭이 들어갔다는 것은, 북한에 뭔가를 지원하는 것이라는 추측도 가능했다.

그러나 언론보도에는 이런 내용이 없었다. 트럭이 잘 보이지 않도록 차단막을 친 것도 의심을 더해주는 대목이었다. 우파에 의해 이래 저래 불신 받고 있는 문재인 정권은 약간 이상한 것만 보여도 의심받았던 것이다.

10) 단일팀 경기, "관객은 동원됐다"

한국과 북한 선수로 구성된 아이스하키 팀이 경기하는 날에는 관람객을 대거 동원한 것으로 드러났다. 2월 10일 관동대학교에서 열린 경기에, 울산에서 올라온 버스 10대와 여주에서 올라온 4대에서 어르신들이 대거 내렸다. 이들은 시(市)에서 모집한 무료 관람객들이었다. 또 인근에서 중 고등학교 학생들을 대거 동원하거나, 복지 시설 등에서도 인원을 데리고 왔다.

매표소에는 "매진(SOLD OUT)"이라고 적힌 푯말이 걸려있었다. 그날 뉴스도 매진이라고 보도했다. 현장에서 표를 사려고해도 살 수 없었다. 이유는 우파시민들이 들어와서 시위를 하거나 태극기를 흔들까봐 취한 조치였던 것으로 보인다. 그래서 동원된 인원들로 채운 것이다. 할머니는 "시(市)에서 모든 것을 다 해준다고 해서 올라왔다, 따로 돈을 내는 것은 없었다." 라고 말했다는 것이다.

경기 중간에 주로 나이 드신 분들이라 아이스하키의 경기 규칙도 모르고 재미도 없어서 내려간 어르신들이 많았다. 경기 도중에 밖으로 나가버린 사람도 많았다. 이 이야기는 당일 동원된 시민이 제보한 내용이다.

또 어떤 중학교에는 입장권 등을 포함해, 한사람 당 10만 원 씩, 모두 200명을 동원하라는 지시를 받았다는 교사도 있었다. 배정된 예산이 2천만원이었다는 것이다. 이렇게 평창 올림픽은 국가 재정이나 기업체 입장권 강매를 통해, 사람들을 동원하는 경우가 많았다. 그런데도 이 부분에 대한 보도 또한 지상파 방송 등에서는 찾아볼 수 없다. 각 언론사에서 취재팀을 현지에 그렇게 많이 보냈는데도, 이런 문제점은 보도되지 않았다.

11) 김일성 가면, "북한에선 상상도 못해"

남북한 아이스하키 단일팀이 경기하는 동안, 북한 응원단들이 일제히 가면을 썼다. 이 가면의 주인공이 김일성이라는 이야기가 나돌면서 우파단체가 크게 반발했다. 과거 김일성이 젊었을 때 사진을 검색해보니 꼭 빼닮았다는 것이다.

한국전쟁의 전범(戰犯)인 김일성 얼굴 가면을 쓰고 응원하는 것은 한국 국민들에 대한 도발이라며 격분했다. 교묘한 심리전의 일환으로 보는 사람도 있었다. 남한 사람들의 반응도 보고, 또 남남갈등을 유발하려고 의도하고 것이다.

그러나 통일부는 북한에서 김일성은 신(神)적 존재인데, 가면으로 사용할 수 없고, 더구나 가면의 눈을 뚫는 것은 상상 못할 일이라고 밝혔다. 이에 우파단체는 '김일성 가면이 맞는지 틀린지 알아 본다'며, 북한 응원단이나 우리 경찰이 지켜보는 앞에서 가면을 땅에 두고 밟고 지나가기도했다.

2월 10일 〈MBC뉴스데스크〉는 〈김일성 가면 쓰고 응원? ...북한에서 상상못 할 신성모독〉이라는 제목으로 보도했다. MBC는 북한 응원단의 인터뷰 등을 통해 지도자의 사진을 함부로 훼손하지 않는다는 것을 강조했다.

백번양보해서 그렇다고 해도. 남한 방송이 북한의 입장을 대변하듯 보도하는 것, 이상하지 않은가.

12) '황제' 도시락과 '거지' 도시락

평창올림픽을 위해 현장에서 일하는 사람들의 도시락이 인터넷에 공개됐다. 빵 두 조각과 야채, 장조림 조금, 그리고 멀건 미역국 등이 모두였다. '평창올림픽 직원 거지 도시락' 이라고 제목 붙여진 글에서 '교도소밥' 보다 못하다는 글도 올라왔다. 올림픽 자원봉사자들이 추위에 떠는 것, 숙소에 더운 물이 잘 나오지 않는 것 등 불편하고 힘든 상황이 곳곳에서 소개 되었다.

(1) 청와대 행사 96,800원짜리 호텔 도시락

이 과정에 올림픽 자원봉사자들의 도시락이 청와대 행사 도시락과 비교 되면서 큰 파장을 불러일으켰다.

문재인 대통령은 2018년 1월 30일 청와대 영빈관에서 장,차관 워크숍을 주재했다. 이 자리에 150 여명이 둘러 앉아 도시락을 먹는 장면이 TV 화면을 통해 보도 됐다. 도시락을 먹으면서까지 국정을 논한다는 것을 홍보하려했던 것 같았다. 그러나 도시락이 문제였다. 일부 네티즌들이 청와대 도시락이 서울 시내 특급호텔에서 제공되는 것이라며 사진과 함께 가격까지 공개했다.

정갈하고 깔끔하게 차린 도시락이 보기에도 고급스러워 보였는데, 가격이 놀라웠다. 1개에 96,800원한다는 것이었다.

자원봉사자들에게는 부실한 도시락을 주고, 청와대에서는 10만원 가까운 '황제 도시락'을 먹는다는 것이었다. 아무리 청와대 행사라지만 도시락 한 개에 10 만원 가까이 하는 것이 말이 되냐는 것이었다. 특히 올림픽 자원봉사자들이 먹는 이른바 '거지도시락'은 뭐냐는 것이었다. 청와대는 문제의 도시락을 호텔에서 조달한 것은 맞지만 홍보효과 등을 고려해 50%-60% 정도 할인된 가격에 납품받는다고 밝혔다. 그래도 비싼 것 아닌가. 대통령이 언젠가 구내식당에서 밥 먹는다고 홍보한 것은 무엇인가. 돈을 아끼고, 직원들과 소통하고, 시간을 절약한다는 취지 아니었나. 그런데도 이런 비싼 도시락을 먹는다는 것은 쉽게 이해되지 않는 대목이다. 그리고 요즘도 대통령은 구내식당에서 식사하고, 테이크아웃 잔에 커피를 마시는 지 정말 궁금하다.

청와대는 호텔 도시락을 먹는 이유를 '품질 관리'를 들었다. 외국 귀빈과 국내 주요인사 등이 먹는 음식이기 때문에 식중독을 조심해야 한다는 것이었다. 이 소식이 더 국민들을 자극시켰다. 그렇다면 자원봉사자 등은 식중독에 걸려도 된다는 이야기냐고 반발했다.

자원봉사자들에 대한 대우가 좋지 않자, 일부 자원봉사자들은 그만두고 현장을 떠나는 사태까지 발생했다. 언론들은 이 부분에 대해 거의 보도하지 않고 침묵했다. 평창의 화려한 모습 뒤의 어두운 모습들은 애써 감추고 또 보도도 하지 않았던 것이다.

제12장 │ 언론, 누가 견제 하나

잘 알다시피 견제 받지 않는 언론은 위험하다. 현대 민주주의 사회에서는 여론이 정치의 중요한 요소이다. 그러나 이것도 언론이 공정하다는 것이 전제될 때 가능하다. 박근혜 전 대통령의 탄핵에서 공정하지 못한 언론이 만들어내는 여론이 얼마나 위험한지 목격했다. 지금도 언론은 공정하지 않다는 것이 일반적인 평가이다.

그러면 이 불공정한 언론은 어떻게 대처해야 할까. 이 질문에 대한 나의 대답은 "왜곡하는 언론은 보지도 듣지도 말라"는 것이다. 신문이면 절독(切讀)하고 방송이면 시청거부 하라는 것이다.

상업매체일 경우 보는 사람이 없으면, 광고가 줄어들어 타격을 입는다. 그러면 살기남기 위해서라도 공정한 보도를 하지 않을 수 없을 것이다. 박근혜 대통령 탄핵 전후로 일부 보수단체들이 보수신문을 끊었던 적이 있었다. 좌편향 편집방향에 항의하는 차원이었다. 졸지에 수십만 부가 빠져나간 신문사도 있어서 수지에 큰 타격을 입었다고 했다. 그리고 그뒤 보도 방향도 많이 개선됐다는 평가가 나왔다.

언론의 편파성은 갈수록 교묘해진다. 따라서 자세히 모니터하지 않으면 잘 모르는 수도 있다. 이런 점에서 언론을 감시하는 조직 내지 기구가 필요하다. 이번에는 그 내용을 알아본다.

1) 모니터, 언론감시 첫걸음

우선 매체 감시를 위해 모니터를 철저히 하는 것이 중요하다. 특히 공영방송은 더욱 그렇다. 많은 사람들은 어제 밤 방송뉴스를 봤지만 그 다음날 어떤 내용이 왜곡 됐는지 잘 모르는 경우가 많다. 왜곡도 아주 기술적으로 한다. 매체를 비교하면서 따져 보지 않으면 속는다.

앞에서 예를 든바 있는 〈사법부 블랙리스트〉 관련 보도가 그렇다. 동일한 사안을 서로 다르게 보도할 경우, 어느 특정 매체 하나만 보면 그것이 전부인 양 속을 수 있다. A 매체는 '사법부 블랙리스트가 없다' 라고 보도하고 B 매체는 '사법부 블랙리스트가 있다' 라고 상반된 보도를 하기 때문이다. 그 논리나 이유도 그럴듯해서, 비교하지 않으면 알 수 없다. 그래서 교차 모니터를 하는 것이 중요하다.

우파진영이 방송을 모니터 하는 것은 최근의 일이다. 〈자유민주국민연합〉과 〈쥬빌리 복음통일〉 단체에서 자발적으로 모니터 단을 운영하고 있다. 이들이 모니터 보고서를 만들어 각 시민단체 등에게 방송의 왜곡, 편파 등을 알린다.

아직 시작단계이기는 하지만 이런 활동을 하는 것이 중요하다. 모니터를 통해 미디어 수용자들이 더 똑똑해지고 또 적극적으로 감시하기 때문에, 일방적으로 속는 일은 없다. 모니터 내용이 확산되면 매체들에게는 아주 신경 쓰이는 기구가 될 것이다.

좌파단체는 오래전부터 모니터 단을 운영하면서 정기적으로 보고서를 내고 있다. 좌파들은 미디어 감시와 정책 제시 등에서 한 발 앞서고 있다.

2) 심의기구는 무엇하나

(1) 방송사 심의실도 '같은 편'

그렇다면 방송사 내부에서는 이런 왜곡방송에 대해 걸러내는 장치가 없을까. 결론부터 말하면 '있다'. 심의실(審議室)이 방송 전이나 방송 후에 심의하도록 규정하고 있다. 그러나 심의실 직원도 사장이 임명하기 때문에, 정파적인 사장이 이른바 코드가 맞는 사람에게 심의를 맡긴다면, 엉터리 심의를 한다. 잘못된 방송을 잘하는 것이라고 심의하고, 균형 잡힌 내용을 엉터리라고 보고할 수 있다.

지금까지 왜곡, 편파 보도를 해온 공영방송은 심의실이나 그 기능이 없어서 왜곡한 것이 아니다. 심의실 직원들도 그런 이념성향이나 정파성을 가진 사람들이 많다. 그래서 좌파는 좌편향적인 프로그램은 잘 만들었다는 평가를 하고, 반대로 우 편향적인 프로그램은 문제가 많다며 제재를 한다. 그 반대의 경우도 마찬가지다.

그래서 방송장악이 무서운 것이다. 중요한 기능을 하는 부서에 자신들의 입맛에 맞는 사람을 배치하기 때문이다.

(2) 공정방송추진위원회, 견제하나 동조하나

대부분의 언론사는, 노동조합과 사측이 같은 수(數)의 '공정방송추진위원회'(이하 '공방위')를 두고 있다. 노조에 의해 제도화된 공정방송 감시단체이다. 이것도 좋은 제도이지만, 운용을 그 취지만큼 하지 못하고 있다. 노동조합이 공방위를 열어 특정 뉴스아이템이나 프로그램에 대해 사측에 불공정보도 사례를 따지더라도, 사측에서 무성의 하게 나오면 그만이다.

대개 공방위는 그 회의 내용을 공개하고, 결과를 고지(告知)하지만, 그렇다고 공정한 보도를 담보하는 것이 아니다. 회사 측이 불공정보도를 하고, 노동조합이 문제제기를 했을 경우, 회사 측이 "미안하다. 다음부터 그런 일이 없도록 하겠다" 라며 사과한다면, 대부분 그것으로 끝이다. 그리고 다음에 또 그런 행위를 반복해도, 노조 측은 회사가 약속 지킬 것을 바랄뿐, 어떻게 강제할 방법이 없다.

게다가 노동조합이 특정 이념이나 정파에 매몰된 곳이 많은데다, 사장이 특정 노조위원장 출신이고 노동조합이 그 사장과 동일 가치를 추구하는 경우라면 공방위는 있으나 마나 하다. 서로 같은 편이기 때문에 이의제기를 하지 않는다는 것은 상식이다.

(3) 정부심의 기구도 정파적 대립

정부기관으로는 방송통신위원회에 방송통신 심의위원회가 있다. 여기서 방송 모니터를 해서 편파나 왜곡 등에 대해서 해당 언론사에 징계 등의 법정제재를 하고 있다. 방송통신심의위원회가 심의해서 해당 방송사의 누적 벌점이 일정 수준을 넘으면 주의, 경고 벌금, 책임자 처벌 등의 제재를 가한다. 강제규정이어서 방송사가 겁내는 것 중 하나이다. 그런 점에서 효과적인 견제 수단이지만 역시 정파성이 한계다.

방송통신심의위원회는 9명의 심의위원으로 구성된다. 여당 추천 인사가 6명, 야당 추천인사가 3명이다. 문제가 제기된 프로그램 등을 심의 하되 제재 등을 결정할 때는 다수결로 처리한다. 논쟁이 되는 민감한 사안에 대해서, 여야 대치로 정파적으로 결정을 내릴 가능성이 많다. 따라서 양측의 이해가 엇갈릴 때는 공정한 판결을 기대하기 어렵다. 지난번 박근혜 대통령의 탄핵방송에서 여러 가지 불공정 보도가 많았지만, 방송통신심의위원회가 제대로 역할을 하지 못했다는 비난을 받아왔다. 급기야 시민들이 찾아가서 항의시위하는 사태까지 벌어지기도 했다.

또 2018년에는, EBS 교육방송이 동성애를 미화하고, 선정성으로 문제가 되었던 '까칠남여'를 방송하다가 시민단체의 거센 항의를 받

았다. 방송통심심의원회가가 이 프로그램을 심사결과 '이상 없음'이
란 판결을 내리자 정파적 판단이라는 비난이 거세게 일고 있다.

이상에서 본 것처럼 공정보도를 위한 제도적 장치를 여러 가지로
마련해 놓고 있다. 그러나 문제는 운영이다. 지금처럼 진영(陣營) 대립
이 심하고 이념적 분열이 클 경우, 공정한 판정을 담보하기 어렵다.
그래서 아무리 좋은 제도라도, 운영하는 사람들이 중요하다.

(4) 내부에서 나오는 양심의 소리

공정보도를 보장하기 위해 마련된 여러 장치가 있지만 앞서 본 것
처럼 한계가 있다. 그래서 언론사 내부의 건전한 비판이 때로는 효과
적인 견제수단이 되는 경우도 있다.

한 예를 살펴보겠다. SBS 국방부 출입하는 김태훈 기자가 취재 후
기인 〈취재파일〉에서 정부의 언론 통제를 비판하는 글을 올렸다. 문
재인 정권 출범이후 언론사 내부에서 공정언론 등에 대해 소리를 내
는 사람이 거의 없는 상황에서 김 기자의 〈취재파일〉은 의외적이다.

김태훈기자는 2018년 1월 21일 〈취재파일, 북 눈치보고, 미국 멀
리하고… 맞는 길인가〉 라는 글에서 문재인 정부가 '북한을 자극하지
말라'는 취지의 보도개입 정황을 폭로했다.

김 기자는 "정부가 평창 올림픽이 무산될까 두려워 북한 심기를 건드리지 않으려 전전긍긍하는 모습으로 북한 눈치를 심하게 보고 있다."고 밝혔다. 또 북한을 의식해 "미국을 자극하거나 의도적으로 미국을 멀리하는 일까지 벌어지고 있다"고 보도했다.

또 1월 18일 미국 핵잠수함이 부산항에 입항하려다 일본으로 간 사건에 대해 청와대는 "미국이 계획을 바꿔 부산에 들르지 않았다"고 해명했다고 하는데 이는 거짓말이라고 밝혔다. 김 기자는 우리 군이 "남북 대화와 평창 올림픽 분위기를 봐서 조용한 진해 기지로 가달라"고 미 해군에 부탁했고, 미 해군은 "다른 데 알아보겠다."며 일본으로 갔다는 것이다.

김태훈기자는 정부는 용어사용에도 제한을 하고 있다고 밝혔다. 정부가 참수(斬首)부대 관련기사에서 '참수'라는 단어를 쓰지 말라고 기자들을 압박했다는 것이다. '신 보도지침'이라는 말이 나올 만하다.

언론이 정권에 의해 장악됐다고 하는 요즘, 방송사 내부에서 이런 기사가 나오는 것은 드물고 이례적이다.

아무리 교묘한 방법으로 억압하고 또 장악해도, 어느 조직이거나 양심은 살아있고 또 그것은 밖으로 드러나게 마련이다.

제13장 | 대한민국 어디로 가나

지금 대한민국은 위험한 상황임에는 틀림없다. 대화를 한다고 하지만 북한 핵 위협이 줄어든 것은 아니다. 미국은 대화를 하되, 기대에 미치지 않으면 무력을 사용하겠다는 입장이다. 그래서 오히려 마지막 대화만을 남겨놓고 있는 절박한 상황으로 보인다. 한국의 좌파 정권은 북한과 대화, 평화, 상생, 공존을 모색하고 있다. 그러면서 북한과 더 깊은 관계를 통한 새로운 질서를 마련하는 것으로 보여, 핵심우방인 미국은 곤혹스러워하며 당황해 한다.

이런 상황에서 대한민국의 정체성을 우려하며 밤잠을 설치는 우파 국민들이 늘어가고 있다. 정권을 가진 쪽에서 추진하는 정책들을 저항하거나 반대하는 것도 한계가 있다. 권력에 의해 장악된 언론이 많아 어떤 정보를 믿어야하고, 어떤 뉴스를 봐야할지도 걱정된다.

1) 잠 못 이루는 국민들

그래서 국민들은 불안하고 두렵다. 문재인 정권이 정치, 경제, 사회, 교육, 문화 등 전방 면에서, 좌편향 정책이 강화되면서 이런 우려가 커지고 있다. 그래서 저항하고 반해하는 사람들도 늘어나고 있다. 주말마다 벌어지는 반정부 시위도 점차 커지고 있다. 처음에는 박근혜 전 대통령의 지지자들이 중심이었지만, 갈수록 그 연령층과 계층이 다양해지고 있다. 이제는 젊은이들도 많이 모인다. 평창 올림픽을 치르면서 김여정과 김영철 등 북한의 핵심인사들이 대거 한국을 방문하고 난 이후 더욱 그러하다.

한국내부의 이념 갈등의 문제가 이제는 체제 전쟁으로 비화되는 것 같다.

자유민주주의 가치나 시장경제가, 사회주의로 내지 북한식 공산주의로 대체되지 않을까 하는 걱정이다. 북한 방식으로는 숨쉬기조차 싫어하는 사람들은 결사반대하는 것이다. 자유가 아니면 죽음을 달라는 식이다. 사상(思想)의 체질이 다르고 이념적 사유체계가 다르며 행동양

식도 다르기 때문이다.

그래서 국민들은 밤잠을 못 이룬다.

2018년 2월 설 연휴, 필자는 독일 프랑크푸르트에서 열린 '대한민국 국민수호 보수유럽 대회에 참석했다. 40, 50년 전 한국에서 이역만리 떨어진 독일 땅에서 돈 벌기 위해 간호사, 광부로 일했던 분들이 수백 명 모였다. 백발이 성한 70대 80대 노인들이 태극기와 성조기를 들고 외쳤다. "문재인 정권 물러나라..." 비장하고 간절했다. 이영훈 전 서울대 교수와 한성주 예비역 공군소장께서도 집회에 참석하셔서 소중한 말씀을 주시고 먼 나라에서 애쓰시는 분들을 위로하셨다. 더 없이 귀중한 자리였다.

피 땀 흘려 모은 돈으로 나라 재건에 보탰던 분들이라, 조국 사랑은 더할 나위 없이 컸다. 밤잠을 못 이룬다고 하시는 분이 많았다. 나라걱정이다. 조국에서 들려오는 소리는 금방이라도 나라가 북한으로 넘어갈 것 같다는 것이었다. 그래서 밤잠도, 밥맛도 잃었다는 분도 계셨다. 어떻게 일군 나라인데, 이 지경이 되다니...

집회를 마치고도 돌아가지 않고, 20여 명이 필자가 묵었던 호텔로 따라왔다. 로비 의자를 가득 채우고 자리가 모자라서 서서 이야기했다. 새벽까지 나라 걱정하는 이야기를 나눴다. 그 분들은 조국의 이야기를 하나라도 더 물었고 또 듣고 싶어 했다. 나라가 이지경이 되는데도, 공무원들은, 군인들은, 학생들은 왜 가만히 보고 있느냐는 말씀이었다. 맞는 말씀이었다. 그러나 드릴 대답이 궁색했다. 그래서 그분들은 더 걱정하고 있다. 나라 걱정하는 국민들은 밤잠을 못 이루는 상황이다.

2) 커지는 저항

문재인 정권에 대한 저항 수위도 높아지고 있다. 방송장악의 경우, 처음에는 과연 그럴까 하고 여겼다가, 뉴스 내용이 달라지는 것을 보고 실감했다. 특히 3.1절 국민집회 보도를 하지 않거나 축소하는 것을 보고서 이제야 깨달았다는 사람들이 많았다.

그래서 '적폐'로 몰리지 않았던 시민들이 서서히 자신들도 그 대상이 될 수 있다는 것을 자각하게 되었다. 그래서 우파끼리 소통한다. 〈카카오 톡〉〈텔레그램〉에 방(房)을 만들어 모인다. 밤새 대책을 세우고 동지의식을 키운다. 이런 집단들이 마치 세포분열 하듯이 활발하게 성장한다. 남녀노소 지역구분이 없다. 우파면 뭉친다.

지금도 적폐청산이라는 이름으로 반대파들을 구속하고 있다. 이유와 방법이 유치하건, 치사하건 상관하지 않고 다만 반대자를 제거

하는 것이 목표인 것 같다. '방송탈취'를 위해 KBS이사들이 법인카드를 '사적'으로 사용했다며 사퇴시켰다. 그 과정에서 노조를 동원해 직장까지 찾아가 시위하고 소란 하는 '난동' 목격했다. '홍위병'을 연상케 했다.

그리고 자기편 이사를 뽑아 정족수를 채워, 절차에 따라 새 사장을 선임했다고 정당화 될까. 폭압적으로 방송을 탈취하는데, 겉보기에 질서 있는 폭력을 사용했다고 정당화되지 않는다는 것이다. 그 모든 상황들을 국민들이 생생하게 지켜봤는데 기회는 공평하고, 절차는 정당하고 결과는 정의롭다고 할 것인가.

그래서 싸운다. 투쟁한다. 착한 이미지의 대통령, 서민풍의 대통령이라서 민주적으로 잘 할 것이라고 여겼던 기대가, 분노로 변해 폭발한다. 더 이상 물러설 곳이 없다는 것이다. 우리 공동체를 지키기 위해 일어나는 사람들은, 마치 조선시대 왜군에 저항하기 위해 나섰던 의병들처럼 자발적이다.

그들은 말한다. 종북 반대, 개헌반대, 방송장악 반대, 최저임금 인상 반대...
반대할 것들이 자꾸 늘어가는 것에 더욱 분노하면서 저항한다.

언론자유 그 영원한 가치와
자유 대한을 위해

현대 민주주의 사회는 여론이 곧 힘이고 권력이다. 박근혜 정권을 무너뜨린 것도 총칼이 아니라 여론이었다. 왜곡, 편파, 선동, 축소, 묵살... 잘못된 언론은 독이다. 닥치는 대로 파괴하고 부순다.

교양프로그램은 분노를 말하고, 드라마는 증오를 심고, 개그는 화를 키우며, 뉴스는 맹목적이게 만든다. 이것이 왜곡, 편파, 선동하는 미디어가 만들어내는 모습들일 것이다.

상식이 사라지고 도덕이 죽었고, 염치와 인정마저 자취를 감춘 사회는 싸움터가 된다. 지금 한국 사회가 그렇게 변해가고 있다고 생각한다.

언론이 왜곡된 사회는 그 어떤 정보나 뉴스도 믿지 못하게 한다. 사실대로 말하지 않고 생각대로 말하는 저널리즘, 이미 공해가되어 우리를 괴롭힌다.

그래서 지금은 더욱 여론싸움의 시대이다. 총력전을 벌인다. 개헌만 하더라도, 지자체에서 광고하고 나서고, 서명까지 받는다. 지방분권 강화, 제왕적 대통령의 권한 축소라는 이름으로 들이밀면 국민은 그냥 찬성해 주리라고 믿는 것 같다. 명분만 갖게 되면 힘으로 밀면 된다. 권력을 갖고 있기 때문에 가능하다. 이 명분을 만들어주는 것이 여론이다.

언론이 자유롭게 보장되었다면, 그 어떤 논의도 가능하다. 그러나 보라. 이미 언론은 장악되었지 않은가. 어떤 논의가 공정하고 자유롭게 이뤄질 것인가. 마치 반대 목소리를 '조명창고'에 가둬놓고, 지록위마(指鹿爲馬)를 강요한다면, 그 얼마나 위험하고 또 폭력적인 뉴스, 여론이 되지 않겠는가.

이런 상황에서, 언론사에 숨어있고, 엎드려있는 '양심'이 일어나야 한다. 그리하여 사슴은 사슴이라고 말하고, 말은 말(馬)이라고 말(言)해야 한다. 희생과 고통이 있더라도 더 이상 침묵하지 말고 저항해야한다. 외쳐야한다. 원래 언론인들은 그렇게 살아왔다. 우리나라 언론인들은 일제 강점기시대, 그 불의에 저항하면서 커왔다. 권력과 결탁한 언론은 언론이 아니라 폭력배이다.

반대파 목소리를 억압하고 입막음하는 하는 행위, 다른 죄목을 덮

어씌워 구속시키는 것, 비겁하고 치졸한 것이다. 이것이 촛불혁명의 부산물이라면, 로베스피에르의 통치와 다른 것이 무엇인가.

역사의 반작용(反作用)이 반드시 있다는 것을 믿는다. 혁명(革命)이 있으면 반혁명(反革命)이 있고, 그 반동(反動)도 생기게 마련이다.

인류가 있는 한, 우파는 죽지 않고, 보수도 사라지지 않는다. 인간의 보편가치인 언론 자유도 마찬가지이다. 반드시 그날이 올 것이다.

문재인 대통령이 2017년 9월 미국 UN을 방문해서 한 연설 한 자락을 소개한다.

"거리를 가득 메운 수십만 수백만의 불빛들, 노래와 춤과 그림이 어우러진 거리 곳곳에서 저마다 자유롭게 발언하고 평등하게 토론하는 사람들, 아이들과 손잡고 집회장을 찾는 부모들의 환한 표정, 집회가 끝난 거리에서 쓰레기를 치우는 청년들에게서 느껴지는 긍지, 그 모든 장면들이 바로 민주주의였고 또 평화였습니다."

대한민국이 아무런 위협 없이 진정 자유롭게 발언하고, 평등하게 토론할 수 있기를 간절히 기원한다.

언론자유 만세 !

성 창 경